작은 자의 하나님

세움북스는 기독교 가치관으로 교회와 성도를 건강하게 세우는 바른 책을 만들어 갑니다.

간증의
재발견
1

작은 자의 하나님

초판 1쇄 인쇄 2022년 11월 15일
초판 2쇄 발행 2022년 12월 15일

지은이 | 서진교
펴낸이 | 강인구

펴낸곳 | 세움북스
등 록 | 제2014-000144호
주 소 | 서울시 종로구 대학로 19 한국기독교회관 1010호
전 화 | 02-3144-3500
이메일 | cdgn@daum.net

교 정 | 이윤경
그 림 | 심효섭
디자인 | 참디자인

ISBN 979-11-91715-55-2 (03230)

* 이 책은 신저작권법에 의하여 국내에서 보호를 받는 저작물입니다.
  출판사의 협의 없는 무단 전재와 무단 복제를 엄격히 금합니다.
* 책값은 뒤표지에 있습니다.
* 잘못된 책은 교환하여 드립니다.

간증의
재발견
1

작은 자의
하나님

서진교 지음

추천사

 제가 담임목사일 때 서진교 목사님을 면접하고서 외모가 마음에 들어 청년부 담당 사역자로 뽑은 적이 있습니다. 제가 키가 작았기 때문에 목사님의 193cm의 큰 키가 마음에 들었지만, 웃을 때 마치 어린아이가 웃는 것 같은 약간의 쑥스러움과 함께 천진난만함이 섞여 있는 모습도 좋았고, 무엇보다 목사님의 진실된 눈빛이 마음에 확신을 주었습니다.
 하지만 이면에는 드라마보다 더 드라마 같은 성장 배경과 결혼 스토리, 그리고 발달 장애를 가진 아기를 키우는 깊은 괴로움과 아픔과 슬픔이 목사님에게 있음을 알게 됐습니다. 보통 사람 같으면 삶을 포기하거나, 살아도 절망에 빠져 자포자기하는 인생을 살 것 같은데도, 서 목사님은 오히려 전국을 다니면서 지갑을 털어 노숙자를 돕고, 장애인의 자립을 돕고, 위기에 처한 기독교 서점을 돕고 있습니다.
 저는 서진교 목사님의 삶을 보면서 예수님의 살아 계심을 봅니다. 이번에 세움북스에서 서진교 목사님의 이야기가 책으로 나오게 된 것을 제 일처럼 기쁘게 생각합니다. 읽는 분은 감히 이 시대에 오신 예수님의 삶을 볼 수 있을 것입니다. 그리고 옆에서 제가 말하고 싶습니다. "제가 이 사람을 알아보고 뽑은 담임목사였습니다."라고….

▶ **강신욱 목사** (전 남서울평촌교회 담임, 현 낮은울타리교회 담임, 『대화로 푸는 성경』 저자)

저는 책 추천사를 쓰기 전 책을 다 읽고 씁니다. 그런데 이번 책은 추천사 쓰기가 쉽지 않았습니다. 저자의 삶은 묵직합니다. 그러나 부분마다 웃지 않을 수 없기도 합니다. 특별히, 장애가 있지만 사랑스러운 저자의 딸 에피소드에서는 더 활짝 웃게 되기도 합니다. 무엇보다, 하나님께서 저자 그리고 일만 장애인 파송 운동에 동참하는 지체들을 보시면서 환하게 웃으시는 모습이 그려집니다.

책에 관해 추천하기보다 저자를 사랑하고, 존경하고, 귀하게 보는 이유를 말씀드리면 더 좋을 것 같습니다. 서진교 목사님이 대단한 것은, 순수한데 전략이 있다는 것입니다. 게다가, 열정이 있습니다. 장애인 자립 사역에 동역하려고 목사님께 자료를 부탁하니 바로 만들어 보냈습니다. 책을 써보라고 권면했더니 바로 시작하여 원고를 써서 보냈습니다. 서 목사님은 뭘 해도 될 수밖에 없습니다.

책을 읽다 보니 반복되는 표현이 있었습니다. "~ 생각에 미쳤다."라는 표현입니다. 저는 이 글귀가 '불광불급'(不狂不及, 미쳐야 미친다)으로 읽혔습니다. 사실, 저자는 미친 자 같습니다. 타인을 사랑함에 미쳤습니다. 특히, 장애인, 노숙자, 낮고 천한 자를 사랑함에 미쳤습니다. 1년 동안 50,000km를 달릴 정도로, 미치도록 운전하며, 일만 장애인 파송 운동에 매진하고 있습니다. 이 책을 읽는 것만이 아니라, 이 운동에 동참해 보면 어떨까요? 그렇게 해주실 줄 믿습니다.

▶ **김영한 목사** (품는교회 담임, Next 세대 Ministry 대표)

이 책은 단순한 감동적인 에세이집이 아닙니다. 저자 자신이 품고 있는 삶의 철학에 대한 진솔한 고백이기도 하고, 그 철학을 따라 일상을 살아가는 현장에 대한 간증이기도 합니다. 그런가 하면, 보통의 사람들이 무관심하거나 외면하고 사는 소위 '작은 자들'이 살아가는 현실에 대한 보고서이기도 합니다. 저자는 '작은 자들'이라는 역설적 표현을 동원하여 "세상은 이들을 작은 자들로 여기며 무관심하고 무시하지만, 사실은 이들이야말로 귀하고 중요한 사람들"이라고 외치고 싶어 합니다. 저자는 특별히 장애인의 자립을 돕기 위한 전문 사역에 전념하고 있습니다. 그는 발달 장애아를 키우는 부모이기도 합니다.

　이 책은 독자를 책의 내용에서 멈추지 않고, 책이 진술하는 사람들의 삶의 현장으로 이끌고 갑니다. 그리하여 그가 "작은 자"라고 말하는 그들에 대한 생각과 관심을 새롭게 해줍니다. 그들에 대하여 그동안 우리가 취해 왔던 태도와 처신에 대하여 미안함과 자책감을 갖게 합니다. 그리고 그 사람들의 삶을 공유하고 응원하는 현장에 나도 참여하고 싶은 감동을 불러일으킵니다. 가치 있고, 의미 있는 삶이 무엇인가에 대한 깊은 고민을 하게 하고, 사람은 '편한 인생'이 아니라, '가치 있는 인생'을 살아야 한다는 각성을 불러일으킵니다.

　자신의 고백과 실천의 삶을 진솔하게 털어놓으면서, 세상이 작은 자들로 여기며 무관심하고 무시하는 이 사람들, 그러나 저자의 눈에는 크고 중요한 사람들이 살아가는 모습, 그리고 그들과 더불어 사는 삶의 감동과 아름다움에 눈을 띄워 주는 이 책이 참 고맙습니다. 우리가 직면하는 현실 상황과 상관없이 진정 가치 있고, 의미 있고, 보람 있는 인생을 산다는 것이 무엇인가를 생각하게 해주는 이 책을 누구나 한 번쯤 찬찬히 읽어 보기를 바라며, 이 책을 추천합니다.

▶ **정창균 목사** (설교자하우스 대표, 전 합동신학대학원대학교 총장)

저자인 서진교 목사의 이름 앞에는 늘 어떤 수식이 붙어 있습니다. 최근에 들었던 그의 호칭은 '일만 장애인 자립 본부장'이었습니다. 어디에도 없는 단체이지만 그것을 꿈꾸며 그것을 위해 사역한다는 의미였습니다. 또 들었던 호칭은 '설사'였습니다. '설교를 잘한다'라는 의미로 주변에서 '설달'이라 부르자, 자신을 '설교하는 사람'을 의미하는 '설사'로 불러달라고 했던 것에서 유래합니다. 그러나 저자가 공식적으로 자신을 소개할 때의 수식은 '작은'입니다. 그리고 이 수식은 그를 만나는 대부분의 사람을 당황하게 합니다. 그는 절대 작지 않기 때문입니다.

저자의 책을 먼저 읽어 보는 영광을 누렸습니다. 책을 읽으며 만난 저자는, 이전에 들어서, 또 만나서 느꼈던 사람보다 훨씬 더 큰 사람이었습니다. 그는 하나님께서 자신의 인생에 어떤 일을 행하셨는지 풀어 갑니다. 저자의 표현대로 고난의 끝판을 경험했던 어린 시절과 청소년기에 대한 이야기가 나오고, 그 고난에도 한 영혼을 망가지지 않게 붙드셨던 예수님이 나옵니다. 저자는 가장 낮은 곳에서 예수님을 만났고, 지금 그 예수님과 함께하고 있으며, 지금은 그 예수님께서 하실 법한 일로 하루하루를 채우고 있습니다.

중독자, 다음 세대, 목회자, 노숙인, 장애인…. 저자는 자신이 경험했고 만났고 함께했던 이 세상의 '작은 자들'에 대한 이야기를 풀어 갑니다. 어찌 보면 한없이 무거운 이야기들이 될 수 있으나 한 편 한 편의 글은 그리 무겁지 않습니다. 곳곳에 눈물의 흔적이 있지만, 울다가 웃게 되는 그런 이야기가 깨알처럼 들어 있습니다. 저자가 작은 자들과 함께하면서도 작아지지 않은 이유인가 봅니다. 책 제목이 『작은 자의 하나님』입니다. 그러나 '작은 자의 하나님'은 절대 작지 않습니다. 저자도 그가 사랑하는 하나님을 닮아 결코 작지 않습니다. 그는 오늘도 그에게 주어진 하루를 '작은 자의 하나님'께서 머무시는 자리에 있는 '작은 자'를 위하여 살아갈 것이기 때문입니다. 우리 하나님께서 어디에 계시는지, 예수님을 만나려면 어디로 가야 하는지에 대한 질문이 있는 분들에게 이 책은 따뜻한 길잡이가 되어 줄 것입니다. 부디 당신도 그 낮은 자리에 계신, 결코 작지 않은 하나님을 만나시기 바랍니다.

▶ **조영민 목사** (나눔교회 담임, 『교회를 사랑합니다』 저자)

가슴이 따뜻해지는 책입니다. 하나님의 사람이 어떻게 빚어져 가는지를 알게 해주는 책입니다. 깨어진 유리 조각이 작가의 손을 거치면 아름다운 스테인드글라스 작품이 되듯이, 서진교 목사님의 삶이 그렇습니다. 그래서 책을 읽다 보면 이 시대의 작은 자들에게 소망을 주고, 스스로 큰 자라고 여기는 자들에게는 겸손을 일깨워 줍니다. 이 시대를 향한 하나님의 마음이 어디에 있는지를 알기 원하는 분들에게 일독을 권합니다.

▶ **주경훈 목사** (꿈이있는미래 소장, 『원 포인트 통합교육』 저자)

Prologue
머리말

"서 목사님, 글을 한번 써보세요. 목사님은 글을 쓰셔야 해요."

사역했던 남서울평촌교회 최에스더 사모님께서 내게 글을 써보라고 하셨다. 『성경 먹이는 엄마』의 저자요, 〈요게벳의 노래〉 작사가이신 사모님의 말씀에 어안이 벙벙했다. 나 같은 사람이 글을 쓸 수 있을까 싶었지만, 내 안목이 아닌 사모님의 안목을 믿기로 했다. 글을 쓰기 시작했고, 사모님은 격려와 피드백을 보내 주셨다. 덕분에 한 편의 글을 완성했다.

장애인의 자립에 동참해 달라고 전국에 있는 교회를 다녔다. 집에 방치된 물건을 기증하면, 집에 있는 장애인이 세상에 나온다고 전했다. 새벽부터 늦은 밤까지 너무 무리한 탓인지 건강이 점차 안 좋아졌다. 그때 하나님께서 김영한 목사님을 만나게 하셨다. 목사님이 장애인 자립 사역을 전국 교회에 알리는 일을 도와주셨다. 하루는 목사님이 내게 말했다.

"서 목사님, 책을 한번 내보시죠. 목사님이 무리해서 다니지 않아도, 책이 장애인 자립 사역을 알릴 거예요."

목사님은 즉시로 세움북스 강인구 대표님을 소개해 주셨다. 원고를 검토한 대표님은 부족한 사람의 책을 내주기로 하셨다. 내 이름으로 된 책이 나오다니 꿈만 같았다. 눈물이 났다. 부끄러워서 그 누구에게도 말하지 못했던 내 마음 깊은 곳의 소원을 하나님께서 응답해 주셨기 때문이다.

아내와 결혼하려고 했을 때, 모든 사람이 반대했다. 아내는 20대의 나이에 고등학교 교사를 하며 대학에서 강의도 하고, 박사 과정만 마치면 모든 자리가 보장되어 있었다. 반면, 당시에 나는 신학대학원을 자퇴하고, 변변한 직업도 없는 별 볼 일 없는 사람이었다. 그런 나와 결혼을 하겠다니, 당연히 주변의 반대가 심했다. 하루는 아내에게 후배가 와서 물어봤다고 한다.

"언니, 왜 서진교 선배랑 결혼하려는 거예요? 다들 말리는데 왜 그렇게 고집을 부려요?"

"십 년만 지나면, 내가 왜 이런 선택을 했는지 알게 될 거야."

그때로부터 정확히 10년이 지났다. 여전히 비루한 인생이요 아내에게 한없이 부족한 남편이지만, 내 이름으로 쓴 책이 나오게 되었다. 얼마나 감사한지 모른다. 함께 기뻐해 주는 아내를 보며 몰래 눈물을 훔치곤 했다. 아내의 선택이 꼭 틀리지만은 않았다는 작은 선물을 준 것 같아 참 감사했다. 아내에게 자랑스러운 남편이 되고픈 소원을 주께서 응답해 주셨다.

나 같은 인생에 찾아오신 하나님의 은혜가 참으로 한량없다. 술에 빠진 부모님 사이에서 지독히도 가난하게 자란 나에게 주님이 찾아오셨다. 네 번의 퇴학을 거친 비루한 인생을 주님은 포기하지 않으셨다. 결핍이 곧 사명이라고 했던가, 나와 같은 아픔에 처한 자들이 눈에 들어왔다. 술에 취한 사람들이라면 학을 떼던 내가 노숙인을 찾아가기 시작했다. 장애인의 자립을 돕는 사명의 길로 부르셨다.

사명의 길로 들어섰는데, 어린 딸이 장애 진단을 받았다. 사명으로 부름받았는데, 이해 당사자가 되었다. 그래서 더 절실해졌다. 나의 열심이 곧 아이의 행복과 직결되기 때문이었다. 장애인 부모의 마음을 이제는 누구보다 잘 안다. 그래서 더 간절하다. 나와 같은 아품을 가진 이들을 위로하고, 삶을 세워 주는 일이 가장 큰 행복이 되어 버렸기 때문이다. 이 책을 통해 교회가 장애인의 자립에 관심을 기울이길 소망한다. 장애인 가정의 부모님들의 피난처가 되어주는 일에 함께하길 소원한다.

지극히 작은 자들과 더불어 살다 보니 한 가지 깨달은 것이 있다. 하나님은 우리 손이 닿을 수 없는 저 하늘이 아니라, 언제든 닿을 수 있는 우리 주변에 계셨다. 주님은 높은 하늘이 아니라, 낮은 데 계셨다. 그래서 언제든 주님을 찾아갈 수 있다. 만날 수 있다. 부디, 이 책을 통해 주님을 그리워할 이들이 주님께 나아가는 길을 발견하길 바란다. 주님과 동행하는 행복을 누리길 바란다.

책이 나오기까지 기도로 동역해 주시고, 함께해 주신 수많은 분이 계신다. 지면의 부족으로 인해 한 분, 한 분 직접 찾아뵙고 감사 인사를 드리려 한다. 세상에서 가장 영광스러운 이름인 '아버지'를 선물한 사랑하는 딸 지휼이, 지난날과 앞으로의 모든 헌신에 대한 상급으로 허락한 사랑하는 아내, 세상에서 가장 나를 사랑하시는 하나님께 이 책을 바친다.

Intro
마리아의 눈물

예수님이 사랑하시는 나사로가 병이 들어 죽게 되었다. 나사로의 누이인 마르다와 마리아는 급히 사람을 보내 예수님께 도움을 요청한다. 그러나 예수님은 그들의 도움을 거절하시고, 결국 나사로는 죽고 만다. 나사로의 장례가 한창이던 때, 느닷없이 예수님이 찾아오신다. 예수님이 오셨다는 소식을 마르다와 마리아 모두 들었지만 마르다만 급히 뛰어가 맞이하고 마음이 상한 마리아는 나가지 않는다.

예수님을 만난 마르다는 조심스레 말했다.

"주께서 여기 계셨더라면 내 오라버니가 죽지 아니하였겠나이다" (요 11:21).

마르다는 자신의 감정을 숨기고, 최대한 의연하게 말했다. 예수님 앞에서 흐트러진 모습을 보이지 않는다. 예수님은 나사로가 부활할 것이라 말씀하시며 마리아를 데려오라고 하신다. 집으로 돌아간 마르다가 예수님이 찾으신다고 이야기하자 마리아가 급히 뛰어나갔다.

마리아는 예수님의 발치에 엎드려 하염없이 울며 말했다.

"주께서 여기 계셨더라면 내 오라버니가 죽지 아니하였겠나이다"
(요 11:32).

마르다와 똑같은 말을 하였지만 태도가 180도 달랐다. 의연한 척하려 했던 마르다와 달리 마리아는 무너진 마음 그대로 주님 앞에 무너져 이야기했다. 자신의 마음에 있는 것을 다 쏟아냈다. 그 모습을 보신 예수님은 눈물을 흘리신 것이다.

예수님의 눈물은 나사로의 죽음 때문이 아니었다. 예수님은 이미 나사로가 다시 살아날 것을 아셨다. 예수님의 눈물은 마리아의 눈물 때문이었다. 자신의 발치에서 엎어져 하염없이 우는 마리아의 눈물에 마음이 동하여 함께 눈물 흘리셨다.

고난 중에 우리는 무의식적으로 의연한 척하려 한다. 의연함이 우리 신앙을 지탱해 주는 힘이긴 하지만, 하나님 앞에서까지 숨길 필요는 없다. 하나님은 이미 무너진 우리 마음을 다 아시기 때문이다. 하나님 앞에 엎드려 울 때, 우리를 믿음 없다 하지 않으신다. 책망하지도 않으신다. 그저 함께 울어 주신다. 그러니 울자. 마음껏 울자. 함께 울어 주시는 예수님이 계시니 펑펑 울자. 울고, 울고, 또 울다 보면 내 마음의 상처도, 응어리도 함께 씻겨나갈 테니.

Contents
목차

추천사 _ 강신욱/김영한/정창균/조영민/주경훈 · 5
Prologue _ 머리말 · 11
Intro _ 마리아의 눈물 · 13

첫 번째 작은 자 : 중독자

눈물이 없는 아이 · 22
첫 번째 퇴학 · 25
프로게임단 입단 · 28
프로게임단 해체 · 31
사라진 성경테이프 · 33
다시 흘린 눈물 · 34
게임중독 벗어나기 · 37
양가감정 · 41
의좋은 부자 · 42
빛바랜 사진 한 장 · 44
용서는 마음의 상태 · 48
다시 들은 어머니의 잔소리 · 49
블루노트_마구간으로 오신 이유 · 54

두 번째 작은 자 : 다음 세대

신앙의 패배자 · 58
두 번째 퇴학 · 61
고난 당할 때, 가장 가까이 계신 하나님 · 64
다윗의 인구조사 · 66
세 번째 퇴학 · 70
다시 들은 하나님의 음성 · 72
생명과 맞바꾼 복음 · 75
하나님의 선물 · 79
돌 위에 돌 하나도 · 82
특별한 위로 · 84
상처 입은 공동체 · 85
기도하는 한 사람 · 88
갈릴리로 가라 하신 이유 · 91
회복된 공동체 · 94
마음이 지독히도 가난한 다음 세대 · 96
블루노트_세상에서 가장 공허한 여인의 질문 · 100

세 번째 작은 자 : 목회자

17년 만에 받은 목사 안수 · 104
꿈을 잃은 신학생들 · 108
힘을 잃은 부교역자들 · 114
쉼을 잃은 이중직 목회자들 · 118
숨을 잃은 담임목사님들 · 125
넘어졌다 다시 일어서기 · 129
목회의 기쁨 · 132
끝까지 미워만 할 수 없는 이유 · 137
애처가의 길 · 139

지하를 못 벗어난 게 아닌, 지상을 벗어난 개척교회 · 141
쌓아 두면 망한다 · 143
예수님이 처음부터 가르쳐 주신 전도의 길 · 147
좁은 길을 걷는 이들의 고백 · 150
한 번 담임은 영원한 담임 · 152
블루노트_탕자의 비유 · 156

네 번째 작은 자 : 노숙인

하나님과 나만 아는 이야기 · 162
"저들을 위해 살아라" · 164
사랑은 오래 참고 · 166
"교회 가면 사람들이 싫어해서 못 가요" · 168
신학생들이 노는 법 · 170
하나님이 입혀 주신 가죽옷 · 172
성령충만의 가장 확실한 증거 · 174
뒤통수 맞은 날 · 178
교도소에서 온 편지 · 181
복음으로 변화된 노숙인 · 183
복음을 들을 마지막 기회 · 186
우리 주변에 계신 예수님 · 189
블루노트_감옥에 갇힌 자를 찾아가신 예수님 · 191

다섯 번째 작은 자 : 장애인

돌봄이 아닌 자립 · 198
편견의 허상 · 201
번아웃 · 203
나를 일으킨 장애인 동료들 · 205

영재 씨의 변화 · 208
개척교회에 전해진 피아노 · 210
개척교회 목사님 섬기기 · 213
한 장애인 어머님의 문자 · 217
명륜대첩 · 221
복음을 전한 영재 씨 · 222
좋은 의사 구별법 · 225
언어장애 진단받던 날 · 227
총체적 난국 · 230
철사장을 연마하는 아기 · 231
아빠를 치료하는 지휼이 · 232
내 소원은 아이보다 하루라도 더 사는 거예요 · 233
일만 장애인 파송운동 · 236
소아재활의학과 대기실 같은 교회 · 239
블루노트_부활체에 난 구멍의 의미 · 241

Epilogue_ 마리아의 눈물 · 245

01
첫 번 째 작 은 자

중독자

첫 번째 작은 자 : 중독자

| 눈물이 없는 아이 |

유명한 목사님의 간증을 들었다. 아버지의 알코올중독으로 참 힘든 시간을 보내셨다. 가장으로서 돈도 벌어오지 않고, 술주정과 폭행을 일삼는 아버지 때문에 참 고생을 많이 하셨다. 그럼에도 어머니의 기도와 헌신으로 어려운 시기를 잘 지나오셨다. 다들 목사님의 간증에 감동과 도전을 받느라 눈물을 훔칠테지만, 나는 부러웠다. 그 목사님이 괜히 부러웠다. 어머니 한 분이라도 반듯하게 서 계셨다는 것이 부러웠다. 부모님 둘 중에 한 분이라도 비빌 언덕이 되어주셨음이 몹시도 부러웠다.

길을 가다 웃는 모습이 너무 예쁜 아이를 보았다. 부모님과 함께 활짝 웃는 모습이 어찌나 예쁜지 눈을 뗄 수 없었다. 한참을 바라보다가 문득 내 얼굴에 그림자가 드리웠다. 어린 시절의 내가 어렴풋이 떠올랐다. 술 취해 길거리에 쓰러진 부모를 찾아 터덜터덜 배회하던 내가 스쳐 지나갔다. 늘 들리는 싸움소리, 귀를 막고 도망가고 싶어도 갈 데가 없던 내가 보였다. 뜬 눈으로 밤을 지새우던 처량한 어린 내가 바로 저기에 있었다.

끊임없이 술을 먹고 문제를 일으키는 아버지와 그런 아버지 때문에 속이 상하여 술을 먹는 어머니 사이에서 자랐다. 항상 똑같은 사고를 반복하는 아버지와 그런 아버지에게 끌려다니며 화목제물로 끊임없이 나를 밀어 넣는 어머니 사이에 낀 아이로 자랐다. 아무런 소망도, 탈출구도 없는 어두운 집에서 자랐다. 어릴 때는 울기도 많이 울었는데 점차 눈물도 사라졌다. 아무리 울어도 봐주는 사람이 없고, 소용도 없었다. 눈물 흘린다고 바뀌는 것이 없었다. 그런 내게 눈물은 사치였다.

세월이 흘러서야 눈물도 아무나 흘릴 수 있는 것이 아니라는 것을 알았다. 무언가 상황이 변할 여지가 있는 사람만 눈물을 흘릴 수 있다. 아무리 울어도 반응해 주는 사람이 없고 상황이 바뀔 여망이 없으니 울지 않는다. 울어봤자 아무 소용이 없고 마음만 아프니 그냥 체념해 버린다. 언젠가 "고아원 아이들은 울지 않는다"는 말을 들었다. 그 말에 가슴이 시렸다. 그들의 마음이 내 마음 같았다. 얼마나 외로웠을까. 얼마나 공허했을까. 마음에 그리도 큰 구멍을 안고, 세찬 바람에 폐부를 찔렸으니 얼마나 아팠을까. 먼지만큼이라도 소망이 있는 사람에게만 눈에 물이 남아 있다.

눈물 흘려도 소용없다는 걸 알게 된 순간부터는 울지 않는다. 스스로가 마음에 마취를 한다. 아무런 감각이 없도록 만들어 버린다. 그러면 아프지 않으니까, 상처받지 않으니까 마음을 점점 시멘트처럼 굳게 한다. 다만, 마음만 마비시키려 했는데 얼굴마저 마비될 줄은 몰랐다. 아무런 표정도 없는 아이, 울지도 웃지도 않는 아이, 그냥 늘 그늘진 얼굴의 우중충한 아이가 되어 버리고 말았다. 나는 그런 아이였다. 눈물도, 웃음도, 아무런 생기도 없는 아이였다.

| 첫 번째 퇴학 |

늘 집에서 전쟁을 치르다 보니 학교에 가서 쓸 에너지는 남아 있지 않았다. 전쟁통인 집에서 하루 종일 시달리니 늘 우울했다. 당연히 친구도 거의 없었다. 중학교 3학년 때, 모든 친구들이 스타크래프트를 시작했다. 호기심에 친구들과 PC방에 가서 몇 번 해 봤다. 그런데 나도 놀라울 정도로 재능이 있었다. 시작한 지 1년도 되지 않아 학교에서 스타크래프트를 가장 잘하는 아이가 되었다. 2년 정도 지나자 배틀탑이라는 게임플랫폼에서는 강원도 1등, 전국 20위권에 들었다. 학교에서도 집에서도 별볼일 없던 나였는데 게임에선 내가 왕이었다. 접속하는 순간 사람들이 말을 걸어온다. 잘한다고 칭찬을 하고, 같이 게임 좀 해 달라고 메시지를 보낸다. 대접받는 게 무엇인지를 처음 경험했다. 프로게이머 제의가 들어오기 시작했다. 하지만 고등학교를 마치지 못했기에 선뜻 상경하지 못했다. 고등학교만 졸업해 달라는 어머니의 부탁을 거절할 수 없었다. 밤새 게임을 하고 학교에 가서 꾸벅꾸벅 졸았다.

불쌍한 어머니를 위해 뭐든 하고 싶었다. 그래서 몇 달 동안 마음먹고 공부를 좀 했다. 공부를 잘하는 학교가 아니어서 한번은 반에서 2등, 전교에서 5등을 했다. 신나서 성적표를 가지고 집으로 가는 길에 어머니께 전화를 했다. 어머니는 어디 아파트 앞으로 오라고 하셨다. 도착하니 길 건너 아파트 앞에서 부모님이 붕어빵을 팔고 있었다. 그 모습에 충격을 받았다.

한때 100평짜리 집에서 살다 가세가 기운 지 이미 오래였다. 물려받은 재산으로 큰 집을 샀지만, 무당을 불러서 몇천만 원짜리 굿을 몇 번이나 하고, 여러 사건들을 일으킨 아버지로 인해 참 가난하게 살았다. 집은 큰데 보일러에 기름 넣을 돈이 없어서 한겨울에도 두꺼운 이불을 덮고 그냥 잤다. 쌀이 없어서 수제비로 겨우 끼니를 해결하거나, 쌀이 있어도 몇 년은 되어 파랗게 변한 묵은쌀만 있었다. 당장 먹을 게 아무것도 없으니 부모님이 붕어빵 장사를 시작한 것이었다.

선뜻 다가갈 수 없었다. 전봇대 뒤에 숨어 지켜만 봤다. 부모님이 부끄러웠고, 친구들 눈에 띌까 두려웠다. 명치끝이 꿈틀거렸다. 감동의 뭉클거림이나 고마움 따위는 없었다. 그저 화가 명치에서 머리 끝까지 올라왔다.

'있을 때 잘하지. 그놈의 사고들만 안쳤어도 이렇게 안 사는 건데. 왜 항상 끝까지 몰리고 나서 가장 최악의 선택을 하는 건데!'

살면서 남들이 받지 못할 기회들을 그토록 많이 받았음에도 너무도 허망하게 걷어차 버린 아버지가 죽도록 미웠다. 저 일도 오래가지 못하리란 걸 알았다. 내 예상대로 부모님은 몇 개월 만에 장사를 접었다.

3학년 1학기가 되자 교감 선생님이 장학금을 주셨다. 교감 선생님은 내 작은할아버지셨다. 어떻게든 버티고 졸업하라며 장학금을 챙겨 주셨다. 그사이 게임 대회에 나가 우승을 하고, 사람들에게 알려지기 시작했다. 프로게이머 제의가 끊이지 않았지만 어머니와 한 약속을 지키려 정중히 고사했다. 조금만 더 버티면 졸업이었다.

그런데 나를 괴롭히는 선생님이 있었다. 야간자율학습 시작 전에 성경을 읽었다고 공개적으로 모욕하고 시도 때도 없이 구타를 했다. 하루는 체육복 상의 대신에 티셔츠를 입었다고 교무실로 오라고 했다. 반에서 절반이 티셔츠를 입었는데, 나만 내려오란다. 가면 야구방망이로 수십 대를 맞을 게 뻔했다. 겨우겨우 버티며 학교를 다니고 있었는데 너무 억울하고 울화가 치밀어서 그길로 학교를 나와 프로게임단 입단을 제의해 준 사람에게 전화를 걸어 당장 시작하겠다고 말했다. 선생님도 꼴보기 싫었지만, 평생을 술에 찌든 지옥 같은 집구석이 너무 싫고 어떻게든 가난에서 벗어나고 싶었다. 그렇게 나의 게이머 생활이 시작되었다.

| 프로게임단 입단 |

입단하기로 한 팀에 가기 전, 인천의 한 PC방에서 한 달을 머물렀다. 숙소가 따로 없었기에 테이블과 의자가 연습실이요 숙소였다. 하루에 20시간씩 게임을 했다. 2시간은 밥을 먹거나 쉬었고, 2시간만 테이블에 고개를 파묻고 잤다. 아무것도 안하고 게임만 하니 실력이 일취월장했다. 한 달에 1,500게임을 했다. 하루에 50게임씩 한 것이다. 지는 일은 거의 없었다. 늘 이겼다. 덕분에 더 유명해지기 시작했고 이젠 내 아이디를 모르는 사람이 거의 없을 정도였다.

준비기간을 거쳐 서울로 상경했다. 그런데 무슨 문제가 생겼는지 입단하기로 한 팀이 아니라, 다른 팀에 가서 한 달만 더 있으라고 했다. 물론 다른 팀도 유명한 팀이었다. 실질적으로 당시 프로게임단이라는 이름을 붙일 만한 팀이 많지 않았지만 그중에서는 꽤 이름난 팀이었다. 그래도 내가 가려 했던 팀보다는 못했기에 나는 잠시 머물 요량이었다.

팀에 처음 들어간 날, 너무 놀랐다. 팀이 너무 가난한 것이었다. 기존 후원사에서 팀원 한 사람을 해고하라고 했지만, 팀은 그럴 수 없다며 거절했다. 결국 후원사가 끊겨서 새로운 후원사를 찾는 중이었는데 가장 어려운 때에 내가 들어갔다. 당시 후원해 주는 사람이 있어 상대적으로 여유가 있던 나는 팀원들의 끼니부터 챙기기 시작했다. 시장에서 먹거리를 사와 나눠 먹었다. 임시로 머물 사람인 걸 다들 아는데 자기들을 챙기니 황당해하면서도 좋아했다. 그렇게 팀원들하고 정이 들기 시작했다.

팀에 숙소가 있었지만 굳이 들어가지 않았다. 하던 대로 책상에서 게임하다 엎어져 자는 일상을 반복했다. 내가 게임하는 모습을 본 매니저가 반해서 내가 머물러줬으면 하는 눈치였지만 차마 잡지는 못했다.

한 달 후, 가기로 했던 팀이 정리가 되었으니 이제 들어오라고 연락이 왔다. 조금 일찍 전화를 주지, 이미 팀원들하고 정이 들었던 터라 알겠다는 말을 할 수가 없었다. 나 없으면 밥을 굶을 팀원들이 눈에 밟혔다. 결국 난 그곳에 남기로 했다. 내가 머물기로 하자 매니저의 눈에서 생기가 돌기 시작했다. 핑크빛 미래를 말하며, 여느 때보다 파이팅이 넘쳤다. 팀의 전체적인 분위기가 바뀌었다. 다들 더 열심히 하기 시작했고, 좋은 성적들을 내기 시작했다. 동료이지만 경쟁자이기에 다툴 때도 있었지만 늘 웃으며 함께 지냈다.

여느 때처럼 게임하는데, 매니저가 밥을 먹으라고 했다. 김치찌개가 와서 숟가락으로 국물을 떠먹는데 이상했다. 손이 너무 떨려서 국물이 다 떨어지는 것이었다. 늘 라면이나 분식을 먹어서 숟가락을 쓸 일이 많지 않아 몰랐는데, 내 손이 덜덜 떨리고 있었다. 몇 개월을 잠도 안 자고 게임만 했으니 건강이 많이 상했다. 당시 게임하다가 죽는 사람들이 종종 있었다. 평상시처럼 게임하다가 어느 날 갑자기 죽었다는 소식이 들려왔다. 손이 떨리고 숨도 제대로 안 쉬어졌지만, 내가 할 수 있고 기댈 것은 게임뿐이었다.

전라도 광주에서 전국대회가 있었다. 수천 명이 참가한 온라인 예선을 거쳐 64강을 가렸다. 나를 비롯한 팀원들이 본선에 올라 전라도 광주로 갔다. 대회를 마치고 다들 서울로 올라가려는데 매니저에게 휴가를 달라고 말했다. 고향에 다녀오겠다고 말했다. 매니저가 흔쾌히 허락을 했다. 팀원들과 인사를 하고 나 홀로 춘천에 가는 버스에 올랐다. 그때는 몰랐다. 그게 팀원들과의 마지막 인사가 될 줄은.

프로게임단 해체

6개월 만에 돌아온 집은 여전했다. 전쟁통이었다. 집 근처 PC방에 피신해 밤새 게임을 하다 시계를 보는데 새벽 4시였다. 대수롭지 않게 지나갈 수도 있었는데, 문득 곧 새벽예배 시간이라는 생각이 들었다. 그래서 PC방을 나와 교회로 갔다. 1시간을 걸어 교회에 도착했다.

새벽예배를 드리는데 그렇게 편안할 수가 없었다. 아, 물론 목사님은 편치 않으셨을 거다. 오랜만에 온 학생이 새벽에 빨간색 장발을 한 채 나타났으니 말이다. 하지만 나는 예배를 드리는데 너무 좋았다. 누군가 나를 꼭 안아 주는 듯했다. 이제껏 경험하지 못한 따스함이 나를 감쌌다. 어릴 적 기억은 없지만 엄마 품에 안긴 아기처럼 안겨 있었다. 내 마음에 난 큰 구멍을 큰 손이 막아 주는 것 같았다. 늘

시리고 휑했던 마음이 처음으로 안방처럼 아늑하고 따뜻했다. 그날 이후로 새벽예배를 비롯해 모든 예배를 다 드렸다. 다른 이유는 없었다. 예배 자체가 너무 좋았다.

그사이에 서울에 있는 팀에 문제가 생겼다. 팀이 해체된 것이다. 그것이 내게 문제가 되진 않았다. 오라는 곳은 얼마든지 있었기 때문이다. 그런데 문제는 나 자신에게 있었다. 예배드리는 게 너무 좋아서 게임을 그만두고 싶었다. 그래서 게임을 끊으려 부단히 노력했다. 당시 사용하던 전용 마우스와 키보드가 있었는데, 게임을 끊겠다고 발로 밟아 부쉈다. 그러곤 다음 날 다시 구입했다. 사고, 부수고, 사고, 부수고를 반복했다. 게임을 끊고 싶었지만 그건 너무 어려운 일이었다.

내 의지로는 도저히 게임을 끊을 수 없었다. 애꿎은 마우스와 키보드만 고생할 따름이었다. 그래도 내가 할 수 있는 일을 했다. 말씀을 읽고, 기도시간을 늘렸다. 아니, 늘려졌다. 예배를 통해 마음이 채워지니 하나님을 향한 갈망이 마음 깊은 곳에서 아지랑이처럼 피어올랐다. 말씀이 너무 달았다. 기도가 참 즐거웠다.

하지만 게이머를 그만두니 다시 초라한 내가 보였다. 고등학교를 중퇴하고, 변변한 직업도 없는 내가 보였다. 만날 친구도 하나 없고, 할 수 있는 일도 돈도 없었다. 무엇보다 너무 외로웠다. 아침에 자서 늦은 오후에 일어나면 옷을 주섬주섬 챙겨 입고 밖으로 나섰다. 두 시간 정도를 걸으며 사람 구경을 했다. 그러다 문득 내가 뭐하나 싶 었다. 대화할 사람이 없다고 청승 떨 게 아니라, 하나님과 대화하면 된다는 생각에 미쳤다. 미친놈처럼 길거리를 걸으며 혼잣말을 중얼 거리기 시작했다. 지금 생각해도 감사하다. 그때 미치지 않았음을.

| 사라진 성경테이프 |

하나님을 더 알고 경험할수록 영적인 방해도 심해졌다. 늘 잠자기 전에 기도했는데, 그때마다 밀려오는 두려움이 어마어마했다. 눈을 감고 기도하면 마치 귀신이 내 앞에 앉아서 나를 쳐다보고 있는 것 같았다. 그러나 눈을 뜨면 지는 것 같아서 꾹 참고 기도했다. 그렇게 기도하면 1시간이 훌쩍 지났다.

여느 때처럼 자기 전에 기도하고 잠자리에 들었다. 늘 하듯이 성경 테이프를 틀고 침대에 누웠다. 잔잔하게 들리는 말씀에 스르르 잠 이 든다. 얼마나 잤을까? 별안간 천둥이 치고 늑대의 울음소리가 들 린다. 아무리 춘천 촌구석이라지만 늑대는 없는데, 그리고 한겨울인데 천둥소리라니. 순간 직감했다. 영적전쟁이 더 강렬해지는구나. 마귀가 발악을 하는구나 싶었다. '어쩌지? 눈을 뜨고 일어나야 하나? 진짜로 싸워야 하나?' 마음에 갈등이 최고조에 다다랐을 때, 내 귀를 파고드는 음성이 있었다.

"욥기, 제 1장. 우스 땅에 욥이라 불리는 사람이 있었는데…"

그랬다. 성경테이프의 배경음이었다. 욥기라고 인트로가 그토록 어마무시했던 것이다. 드라마바이블 뺨치는 BGM이었다. 그날 이후 우리 집의 성경테이프 전집엔 테이프가 딱 하나 빠져 있다. 버린 것 같지는 않은데, 여튼 없다.

| 다시 흘린 눈물 |

하나님과 게임 사이에서 갈등하던 때, 청년부 겨울수련회가 열렸다. 대학생도 아닌 내가 청년부 활동을 한다는 것은 여간 눈치 보이는 일이 아니었다. 수련회를 가야 되나 싶었다. 그리고 수련회에 대한 기대가 별로 없었다. 청소년 시절 매해 수련회를 갔지만, 소위 말하는 은혜받은 적이 단 한 번도 없었다. 남들 다 울면서 "주여" 할 때, 난 마른 장작처럼 우두커니 있었다. 아무리 슬픈 생각을 해 보려

해도 눈물이 나지 않았다. 이미 일상이 너무 절망스럽고 침울했기에 그랬는지도 모른다. 눈물이라는 것도 회복을 기대할 때 흘릴 수 있는 것이기에, 눈물이 마른 인생이었기에 그랬나 보다.

결국 청년부 수련회에 갔다. 외로웠나 보다. 학생 때와 달리 사모하는 마음으로 집회에 참여했다. 내내 마음 깊은 곳에서 묵직한 무언가가 꿈틀거렸다. 마지막 날 저녁 집회 때, 목사님이 회개 기도를 하라고 했다. 그 말이 떨어지기 무섭게 입에서 회개가 터져 나왔다. 입으로 죄를 고백하는데 감은 눈에는 지난날 내 죄가 영사기처럼 지나갔다. 감은 눈에 보이는 죄들을 토하고 또 토했다. 지난날 나의 상

처들을, 원망과 절망들을 다 쏟아냈다. 그랬다. 그날 난 은혜받았다. 아주 오랜 세월이 지나 마침내 눈물을 흘렸다. 그날 이후로 내 삶에 많은 변화가 있었다. 새사람이 되었다. 어둡게만 보였던 세상이 총천연색으로 보이기 시작했다. 길가에 핀 잡초조차도 그렇게 아름다울 수 없었다.

그날 흘린 눈물로 비로소 나는 알았다. 하나님이 내가 눈물 흘리는 자리에 같이 계셨음을 깨달았다. 눈물마저 말라버려 공허한 눈으로 천장만 응시하던 자리에도 함께 계셨다. 나를 회개시키려면 죄만 보여 주면 됐을 텐데, 하나님은 굳이 내 눈물과 절망을 보게 하셨다. 어떻게 아시고 보여 주셨을까? 하나님도 보셨다는 것이다. 그 자리에 계셨다는 의미이다. 주님은 나와 같이 우셨다. 내 눈물이 말랐을 때는 대신 울어 주셨다. 그 눈물 때문에 죽지 않고 살았다. 눈물 나는 인생이라고 소망 없다 말하지 말자. 눈물 마른 인생이라고 절망하지도 말자. 내가 흘린 눈물 닦아 주시고, 메마른 내 마음 어루만지시는 예수님이 계시니 살 수 있다. 기어이 내가 죽지 않고 살아서 여호와께서 하신 일을 볼 것이다.

| 게임중독 벗어나기 |

한때 프로게임단에서 게임을 했기에 게임중독에 빠지는 이유를 잘 알고 있다. 게임이 재미있어서 중독에 빠지는 것이 아니다. 뭐든 재미는 잠깐이다. 게임에 빠지는 이유는 사람들의 인정과 성취감 때문이다. 게임을 조금만 잘해도 사람들에게 인정을 받는다. 게임에 이길 때마다 성취감을 누린다. 5년을 해도 못 누렸던 성취를 단 5분이면 누린다.

오랫동안 열심히 노력해도 오르지 않는 성적, 최선보다는 최고를 요구하는 데서 오는 공허함의 빈자리를 게임이 절묘하게 치고 들어온다. 사람들은 물론 가족들에게도 받아들여지지 못했던 나를 게임 하는 사람들이 인정하고 좋아해 준다. 그러니 어찌 게임에 빠지지 않을 수 있겠는가? 채움 받는 기쁨을 누리며 게임에 몰두하지만 점점 마음이 허해진다. 더 실력이 늘었는데, 더 많이 이기는데, 더 좋아해 주는데 더 공허해진다. 이럴리가 없는데. 더 열심히 안해서 그런가. 더 깊이 빠져든다. 그것이 늪인지도 모르고 깊게, 더 깊게 빠져만 간다.

게임중독에 빠진 사람에게 게임을 그만두라고 백날 이야기해 봤자 소용없다. 게임이 삶이요 관계요 유일한 낙이기에 절대 끊을 수 없다. 다시 말하지만 게임중독의 원인은 재미가 아니다. 사람의 정이 그리워 빠지는 것이다. 무한경쟁 사회에서 친구도 모두 경쟁자가 되어 버린 때에, 부모마저 등을 떠미니 어디서도 따뜻함을 느낄 수 없어 게임에 빠진다. 서로 채팅창으로 대화를 하고 함께 게임을 하니 참 즐겁다.

하지만 게임에 빠질수록 잃어버리는 것들도 많다. 건강과 꿈, 생기를 잃어버리고 만다. 게임을 할 때는 친구가 있었는데 게임 밖에선 여전히 혼자다. 현실 속에선 내가 머물 곳이 없다. 그래서 다시 게임으로 돌아간다. 중독에 빠지는 일이 반복된다. 만약 현실 속에서 함께 교제하고 기도할 수 있는 공동체가 있다면, 게임에 빠져드는 일은 많이 줄어들 것이다.

개인적으로 교회 청년부 공동체가 게임을 끊는데 많은 도움을 주었다. 내 삶에 많은 변화를 안겨 주었다. 아무것도 내세울 게 없는 나였지만 청년들이 먼저 마음의 문을 열어 주었다. 대학을 다니거나 직장생활을 하는 청년들과 대화하는 것 자체가 기쁨이었고, 삶의 활력소였다. 공동체를 통해 그간 채움 받지 못했던 사람의 정을 듬뿍 채울 수 있었다. 가상현실이 아닌 현실세계에서 사랑받고 존중받으니 더 이상 게임 속으로 숨지 않아도 되었다.

청년부 공동체에서 생활하며 청년들을 보면, 하나같이 참 열심히 살았다. 대학에 가서도 취업과 꿈을 위해 열심히 노력하고, 직장생활을 하면서 주어진 일에 충실하는 모습이 내게 도전이 되었다. 청년들의 모습을 보며 내가 가야 할 길이 점차 보이기 시작했다. 게임이라는 가상현실 세계를 벗어나 현실에서 내가 할 수 있는 것이 무엇인지 진지하게 고민하기 시작했다. 그러다 문득 내 어릴 적 꿈이 생각났다.

어릴 적 어머니의 병을 고쳐 준 목사님이 계셨다. 이른 아침부터 늦은 새벽까지 수시로 집에 찾아와 기도해 주셨다. 감사하게도 어머니의 병이 완치되었다. 사람을 살리기 위해 모든 것을 다 바치는 목사님을 보며 나도 저 목사님처럼 목사가 되고 싶다는 꿈을 꾼 적이 있었다. 주님을 인격적으로 만난 뒤, 주의 종이 되겠다는 소원을 품었다. 내 삶에 눈물을 회복하시고, 쓸모없는 나를 위해 생명을 주신 주님을 위해 살고 싶은 열망이 피어올랐다. 이제 무엇을 해야 할지 아니까 더 이상 게임을 할 이유가 없었다. 게임으로 내 존재를 증명했는데 더 이상 그럴 필요가 없었다. 가야 할 길이 보이니, 그 길로 가기를 시작했다.

끝없는 성취를 요구하는 시대 속에서 게임만큼 부합하는 것도 없다. 단 몇 분 만에 게임에서 이김으로 성취감을 얻는다. 공부나 일은 오랫동안 부단히 해도 성취를 이루기 힘들지만, 게임은 단 몇 분 만에 성취감을 얻을 수 있다. 그렇지만 정작 내가 인생을 통해 이뤄야 할 성취는 놓치고 만다. 남들은 조금 느리더라도 제대로 가고 있는데, 나만 그 자리에 우두커니 서서 짧고 작은 성취의 늪에 빠져 버리고 만다.

공동체에서 지지받고 성원을 받으면 초조함이 덜해진다. 당장 나를 자극할 단기적인 성취에 빠져 들지도 않는다. 내 힘으로 도저히 안 된다고 생각했던 일들을 위해 함께 기도해 줄 사람들이 있어 힘이 난다. 그리고 그 일이 이루어지는 것을 눈으로 보니 믿음이 자란다. 나는 절대 할 수 없을 거라고 믿었는데, 나도 할 수 있음을 발견한다.

모든 사람의 마음에는 구멍이 있다. 그 구멍을 메우려 각자의 방식을 동원한다. 나는 게임으로 마음의 구멍을 메우려고 했다. 그런데 하면 할수록 구멍이 메워지기는커녕 점점 커져만 갔다. 그런 내게 주님이 찾아오셨고 내 마음에 난 큰 구멍을 메워 주셨다. 살면서 처음으로 참된 만족과 평안을 누리기 시작했다. 구멍 난 내 마음을 감싸 주시는 주님은 내가 살아갈 길을 보여 주셨다. 내가 이 땅에 태어난 목적이 무엇인지 알려 주셨다. 무엇을 할지도 모르고, 아무것도 못한다고 생각했던 내게 주님은 힘과 길이 되어 주셨다. 그 주님과 함께할 수만 있다면, 우리는 중독에서 벗어난 길을 찾을 수 있다. 가상이 아닌 현실에서의 삶을 시작할 수 있다.

| 양가감정 |

주의 은혜로 게임중독에서 벗어났지만, 여전히 난 알코올중독인 부모님과 살아야만 했다. 주의 길을 가기 시작했지만 삶의 문제는 여전했다. 부모님은 여전히 술을 드셨고, 가정의 어려움도 여전했다. 그중에서 나를 가장 힘들게 하는 것은 아버지를 용서해야 한다는 것이었다. 주님께 용서받은 자이기에, 일만 달란트 빚진 자이기에 응당 용서해야만 했기 때문이다. 그런데 그게 참 쉽지 않았다. 남이라면 더 쉬울 텐데, 가족이라 오히려 어려웠다.

보통의 인간관계라면 아흔아홉 가지를 잘해도 한 가지만 잘못하면 관계가 틀어진다. 단 하나의 잘못이 그동안 잘했던 모든 것들을 덮어 버린다. 그런데 중독자 부모와 자식의 관계는 정반대다. 부모가 아흔아홉 가지를 잘못해도 한 가지만 잘하면 그것 때문에 관계를 끊기가 어렵다. 나에게 그렇게 씻을 수 없는 큰 상처를 주었지만, 이

따금씩 생각나는 좋은 추억이 나의 발목을 잡았다. 너무 미운데, 떠날 수 없어 주저하는 내가 참 답답하고 미웠다.

훗날에야 '양가감정'(兩價感情, Ambivalence)이란 말을 들었다. 죽을 만큼 미우면서도 사랑하는 아이러니한 두 가지 감정에 빠져 있는 사람들이 참 많음을 알았다. '나 같은 사람들이 이렇게나 많다니.' 위로가 되면서도 갑갑했다. 얼마나 힘들었을까 싶었다. 어떻게든 아버지를 용서하기 위해 열심히 기도했다. 아버지가 변화되게 해 달라고, 용서하게 해 달라고 기도하며 많은 밤을 지새웠다. 분명 변화시켜 주실 것이란 확신을 가지고 집으로 돌아가지만 변한 건 아무것도 없었다. 그럼에도 포기할 수 없기에 기도하고 또 기도했다.

| 의좋은 부자 |

게임을 그만둔 뒤, 검정고시와 수능을 보고 신학교에 입학했다. 하나님께서 우리 가정을 도우시길 간절히 기도했다. 매일 열심히 기도하고, 하나님의 일이라면 물불 가리지 않고 뛰어들었다. 그렇게 하면 하나님이 도와주실 것이라 여겼다. "하나님의 일을 하면, 하나님이 내 일을 하신다"는 당시 유행하던 캐치프레이즈를 믿었다. 그런데 아무런 변화가 일어나지 않았다. 오히려 상황이 더 악화되었

다. 아버지의 알코올중독과 가난이 가중되었다. 결국 살던 집을 정리하고, 월 10만 원의 컨테이너박스로 이사를 갔다. 여름에는 엄청 덥고, 겨울에는 너무 추운 그곳이 우리 집이 되었다.

한겨울이었지만 보일러를 틀 수 없었다. 보일러에 기름 채울 돈이 없었다. 추워도 너무 추웠다. 하루는 아버지가 어디서 녹슨 기름난로를 하나 구해 왔다. 몇천 원어치의 기름을 채우고, 전원을 켜니 따뜻한 바람이 흘러나왔다. 얼마 만에 느껴보는 온기인지 몰랐다. 그것조차도 아껴서 틀어야 했다. 가장 추운 밤부터 새벽까지만 틀 수밖에 없었다. 그런데 문제가 있었다. 컨테이너박스에 방이 두 개인데, 그 가운데 작은 부엌이 있었고 난로로는 한쪽 방만 따뜻하게 할 수 있었다. 늦은 밤이면, 하루 종일 술주정하다 잠이 든 부모님 방을 향해 난로를 틀어놓고 잠이 들었다.

여느 때처럼 아침에 일어나는데 웬일로 춥지 않았다. 밤새 스민 한기로 몸이 떨려야 하는데, 오히려 개운했다. 따뜻한 바람이 나를 향해 불고 있었다. 자는 중에 누군가가 난로를 내 방으로 돌려놓은 것이다. 그날 이후로 몇 번 그런 일들이 반복되었다. 누군지 대충 짐작이 됐지만, 굳이 이야기하지 않았다.

그날도 잠을 자던 중 인기척에 눈을 떴다. 난로가 움직이는 소리가 나고 따뜻한 바람이 내게 불어왔다. 누군가 내게 다가와 내 머리를 쓰다듬었다. 거칠고 두꺼운 손, 바로 아버지였다. 머리를 쓰다듬던 아버지는 이불을 덮어 주었다. 차마 깨어 있는 것을 들키지 않으려 자는 척을 했다. 아니, 어쩌면 아버지가 쓰다듬어 주시는 게 좋아서 그랬는지도 모르겠다.

아버지가 방으로 돌아가고, 잠시 후 자리에서 일어났다. 조용히 난로를 다시 안방으로 향하게 했다. 따뜻한 바람이 다시 안방을 향한 걸 확인하고 잠이 들었다. 아침이 되어 일어나는데 순간 '아차' 싶었다. 난로는 다시 나를 향해 있었다. 내가 자는 중에 아버지가 다시 나를 향해 돌려놓은 것이었다. 그날 이후로도 아버지와 나의 난로 옮기기는 계속되었다. 신기한 것은 한 번도 서로 마주치지 않았다는 것이다. 마치 그 옛날 전래동화에 나오는 의좋은 형제처럼, 우리는 의좋은 부자가 되어 그 겨울을 지낼 수 있었다.

| 빛바랜 사진 한 장 |

아버지는 공군에서 부사관으로 복무하셨다. 내가 태어나기 전부터 어릴 적까지 복무하시며 중사로 제대하셨다. 당시 아버지가 계시던

부대의 대대장이며 훗날 준장으로 전역하신 고모부는 아버지의 제대를 안타까워하셨다. 무엇인가 큰 상처를 받으신 것 같은데 무엇인지 알려 주지 않아서 알 길이 없었다. 술을 안 드시는 날이면 아버지는 나를 엄격하게 대하셨다. 어릴 적부터 내게 차렷과 열중쉬어를 가르쳤다. 내가 무엇 하나 잘해도 칭찬하시는 법이 없었다. 제대를 하셨어도 무뚝뚝한 군인으로 사셨다.

스물다섯이란 늦은 나이에 군대를 갔다. 술에 취한 아버지는 고래고래 술주정을 했고, 어머니만 눈물 흘리며 나를 배웅해 주셨다. 힘들 거라고 생각했는데 오히려 군대가 편했다. 어릴 적부터 매일 전쟁통인 집에서 자라서인지, 전쟁을 훈련하는 군대가 참 편했다. 매일 술주정하는 부모님을 신경쓰고 싶어도 전화 자체가 안 되니 참 편했다. 어쩌면 그동안 살아오면서 내 인생에서 처음으로 편했던 나날이 아니었나 싶을 정도였다.

그런데 훈련을 받으며 허리가 아파왔다. 중간중간 의무실에서 허리 찜질을 받으며 훈련을 받았다. 동기들과 훈련받으며 낙오되지 않으려 부단히 노력했다. 각개전투를 받는 날이었다. 반복하여 포복을 훈련하는데 허리에 힘이 안 들어가니 팔꿈치에 힘이 들어갔나 보다. 팔꿈치가 심하게 까져서 피로 흥건했다. 낙오되지 말아야 한다는 일념으로 포기하지 않았다. 철조망 밑을 등으로 기어서 지나가는데, 문득 하늘이 보였다. 구름 한 점 없는 파란 하늘이었다. 그 찰나의 순간 고요함이 밀려왔다. 땅에서는 군인들의 고함과 둔탁한 병기소리로 가득했는데, 하늘만은 한없이 평화로워 보였다.

파란 하늘을 보는데, 별안간 아버지 얼굴이 보였다. 부사관이 되기 위해 7개월 동안 훈련받았다는 아버지의 말이 떠올랐다. 나는 고작 6주 훈련에도 이렇게 힘이 든데 아버지가 참 대단하게 다가왔다. 평생 살면서 아버지를 존경한 적이 단 한 번도 없었는데, 그 순간만큼은 존경스러웠다. 다시는 보고 싶지 않았는데, 몹시도 보고 싶었다.

훈련을 무사히 마치고 자대로 전입했다. 훈련소를 나오며 뭐든지 다 할 수 있을 거라고 자신만만했는데, 전입한 순간 알았다. 훈련소가 천국이었다는 것을. 자대는 그야말로 지옥 같았다. 과연 버틸 수 있을지 도저히 자신이 없었다.

하루는 일과를 마치고 고참과 벤치에 앉아 쉬고 있는데 반대편에 앉은 간부가 머리를 움켜쥔 채 고개를 푹 숙이고 있었다. 무슨 일인가 살피는데, 고참은 행보관에게 크게 혼이 나서 그런 거라고 알려주었다. 한참을 고개를 숙이고 있던 간부가 주머니를 뒤적거리더니 지갑에서 사진을 하나 꺼내서는 한참을 보고 있었다. 그런데 놀라운 건 방금 전까지 흙빛이었던 얼굴이 환해졌다는 것이다. 도대체 무슨 사진이기에 저러나 싶어 조심스레 다가가 살펴보았다. 그 사진은 아기 사진이었다. 자기 자식 사진을 보고는 침울하던 얼굴이 금세 환해진 것이었다.

문득 아버지의 모습이 오버랩되었다. 아버지 지갑에 있던 빛바랜 내 사진 한 장이 떠올랐다. 그 간부의 나이와 계급 때 나를 얻은 아버지가 힘겨운 군생활 중, 내 사진을 꺼내봤을 모습이 보이는 듯했다. 그렇게 모질고 차갑던 아버지

였는데, 평생 내게 한 번도 사랑한다고 말하지 않던 아버지였는데, 그런 아버지도 어쩌면 나를 사랑할지도 모른다는 생각에 미쳤다. 비록 자기 인생을 지탱할 힘이 없어 가족에게 큰 상처를 준 아버지였지만, 마음 깊은 곳에서 작을지라도 아들을 향한 사랑이 있음을 깨닫는 순간이었다.

용서는 마음의 상태

아버지를 용서해야겠다고 결심했다. 전역 후에 아버지에게 어렵게 이야기를 꺼냈다.

> "아버지, 아버지가 지난날 제게 했던 잘못을 용서할게요. 제게 주었던 상처들을 다 용서할게요."

잠잠히 내 말을 듣던 아버지는 그저 몇 번 고개를 끄덕였다. 그러곤 내게 고맙다고 하셨다. 어색한 침묵이 이어졌다. 더 이상 할 말이 없는 나는 자리를 나왔다.

용서를 선포하면 마음이 후련할 거라고 생각했는데, 전혀 그렇지 않았다. 오히려 마음이 불편하고 불안하기까지 했다. 그 불편함이 어디에서 오는지 확인하는 데는 그리 오래 걸리지 않았다. 한동안 잠잠했던 아버지가 다시 가족을 힘들게 했다. 내가 힘들게 한 용서가 오히려 면죄부가 되었나 보다. 무엇 하나 거리낌 없이 가족에게 상처 주는 일이 다시 시작되었다.

그때 난 깨달았다. 회개하지 않은 사람에게 용서를 선포하는 것은 면죄부를 주는 것과 같다는 것을. 자신이 무엇을 잘못했는지 모르는 사람에게 용서를 선언하는 것만큼 어리석은 일도 없음을 알았다. 나의 용서가 독이 되는 아픔을 겪을 수밖에 없었다. 용서는 남용해서는 안 된다. 먼저 용서를 구할 때, 비로소 받아 주는 게 용서이다. 특별히 중독자 아버지를 둔 사람이라면 더욱 그러하다. 함부로 용서하면 그간의 잘못을 용인해 주는 꼴이 되고 만다.

일련의 과정을 겪으며 한 가지 깨달은 것이 있다. 용서는 행위라기보다는 마음의 상태에 가깝다. 내가 주님께 용서받았음을 자각하면 용서한다. 용서받은 내 주제를 알기에 필연적으로 용서의 몸부림을 친다. 그러다 보면 상대가 아닌, 내가 몹쓸 죄인임을 몸소 깨닫고 회개한다. 회개가 용서를 낳는다. 그런 마음의 상태라면 얼마든지 용서를 구하는 자를 받아 줄 수 있다. 일곱 번씩 일흔 번이라고 해도 용서를 구할 때 받아 줄 수 있다. 십자가 앞에 내 마음을 늘 필터링할 때, 비로소 자유함을 누릴 수 있다.

다시 들은 어머니의 잔소리

어머니는 잔소리를 잘하셨다. 아버지 때문에 속상해서 술을 먹지 않는 날이면, 늘 내게 이런저런 잔소리를 똑부러지게 하셨다. 그때마다 난 "아, 엄마 그만 좀 해요. 나도 이제 다 알아요"라고 대답하지만 어머니의 잔소리는 그칠 줄 몰랐다. 잔소리가 짜증이 날 때도 있었지만, 어머니의 진심을 알기에 그렇게 싫지만은 않았다.

그렇게 또랑또랑한 목소리로 잔소리를 잘하시던 어머니에게 어느 날 찾아온 불행은 많은 것을 앗아갔다. 아버지가 또다시 큰 문제를 일으키셨다. 어머니의 마음이 점차 병들어 가기 시작했다. 어머니의 잔소리가 부쩍 줄고, 웃는 얼굴도 보기 어려워졌다. 어머니의 우울증은 결국 조현병으로까지 악화되었다. 자해를 하고, 아들도 못 알아봐 횡설수설하는 어머니를 더 이상 두고 볼 수 없었다. 내가 직접 정신병원에 입원시킬 수밖에 없었다.

어머니를 병원에 모셔드리고, 초점 잃은 어머니의 눈을 바라보며 인사하고 병실을 나서는데 그 걸음이 얼마나 무겁고 두렵던지. 병동의 두꺼운 철문을 지나 나오려는 그 순간, 어머니의 절절한 외침이 들렸다.

"진교야, 살려줘. 제발 엄마 두고 가지 마!"

어머니의 울부짖음에 순간 멈칫했다. 더는 발걸음을 떼기 어려웠다. 주저하는 나를 남자간호사가 억지로 문밖으로 밀어냈다. 이윽고 두꺼운 철문이 닫혔고, 어머니의 목소리도 더는 들리지 않았다.

집으로 돌아가는 그 길을 어떻게 왔는지 모르겠다. 현관문을 열고 들어와 바닥에 누워 멍하니 천장을 보는데, 다시금 어머니의 목소리가 들렸다. 나를 부르는 어머니의 목소리가 다시 생생히 귓전을 울렸다. 그 순간 난 완전히 무너졌다. 대성통곡을 하며 울고 또 울었다. 그날 평생 울지 못한 것을 다 쏟아냈던 것 같다. 그렇게 몇 시간을 울다 지쳐 잠이 들었다.

몇 달의 시간이 흐르고, 다행히 어머니의 병세는 점차 호전되었다. 어머니의 회복이 너무나 기뻤지만, 약 부작용 때문에 말이 어눌해진 어머니를 보니 마음이 아팠다. 퇴원 이후에 어머니의 말은 계속 어눌했다. 예전에 가지고 계셨던 총기도 더 이상 찾아볼 수 없었다. 그런 어머니를 뵐 때마다 예전의 모습이 떠올랐다. 똑 소리 나던 어머니의 잔소리가 그리웠다. 어머니에게 예전의 모습을 기대함이 불가능한 줄 알았지만, 그럼에도 불구하고 마음 한구석에서는 어머니의 잔소리가 너무도 그리웠다. 딱 한 번만이라도 어머니의 잔소리가 몹시 듣고 싶었다.

몇 달에 한 번씩 어머니를 보러 고향 집에 내려갔다. 그날도 여느 때처럼 고향 집에 도착하여 현관문을 열고 들어섰다.

"늦은 시간에 밥도 안 먹고 힘들게 뭐하러 내려와?"

카랑카랑한 목소리에 화들짝 놀란 난 이게 무슨 소리지 싶었다.

"일이 바빠서 피곤할 텐데 집에서 쉬지 왜 그렇게 몸을 아끼지 않아?"

어머니의 목소리였다. 그러니까 지금 어머니가 나에게 잔소리를 하고 계신 것이었다. 그것도 예전의 똑 소리 나는 얼굴과 목소리로 잔소리를 하고 계셨다. 이게 꿈인가 생시인가 하여 멍하니 그 자리에 서 있었다.

"배고플 텐데 어서 밥부터 먹어라."

어머니가 밥을 차려 주셨다. 정신병원 퇴원 후에 몇년 동안 어머니가 차려 준 밥을 먹어 보질 못했는데, 지금 밥을 차리고 계신 것이었다. 식사를 준비하면서 끊임없이 잔소리를 늘어놓는 어머니를 보는데, 나도 모르게 눈물이 났다.

"왜 울어? 무슨 일 있니?"

"아무 일도 아니에요. 괜찮아요."

급히 눈물을 훔치며 식탁에 앉았다. 식사 시간에도, 식사가 끝난 후 소파에 앉아서도 어머니의 잔소리는 그칠 줄 몰랐다. 이전의 총기 있는 모습으로 정확하고 또박또박 말씀하셨다. 난 그저 어머니를 바라보며 알겠다고 말하고 고개를 끄덕였다. 예전처럼 "저도 알아요, 제가 알아서 할게요" 따위의 대답은 하지 않았다. 그저 어머니가 해 주시는 말씀 하나하나, 목소리 한 절 한 절을 가슴에 새겼다. 그렇게 어머니와 긴 대화를 나눈 그날 밤, 난 정말 오랜만에 편안하게 잠이 들었다.

그날 이후로도 고향 집에 내려갔지만, 어머니의 총기 있는 모습을 더는 볼 수 없었다. 정신과 약으로 인해 말도 행동도 여전히 어눌하셨다. 그리고 허리에 큰 수술을 두 번이나 하셔서 더 이상 걷지 못하게 되셨다. 집에 누워 계신 지 벌써 3년이 지났다. 그러나 난 예전처럼 슬프거나 우울하지 않다. 그날 단 하루, 어머니의 옛 모습을 보았기 때문이다. 어머니의 잔소리를 들었기 때문에 괜찮다. 그날 어머니의 잔소리가 내 마음 깊은 곳에 있던 응어리를 씻어 주었다. 단 하루만이라도 어머니의 옛 모습을 다시 보고 싶었던 나의 바람을 하나님께서 들으시고 이루어 주셨다. 다시 들을 수 없지만 마지막으로 들었던 어머니의 잔소리가 아직도 귓전에 생생하기에 나는 괜찮다.

| 블루노트_마구간으로 오신 이유 |

예수님이 이 땅에 오시던 날, 유난히 밝은 한 별이 온 세상을 비추던 날, 수많은 천군천사들이 홀연히 나타나 찬양하기 시작했다. 인류 역사상 그 누구도 들어보지 못했던 아름답고 웅장한 찬양이 울려퍼졌다.

> "지극히 높은 곳에서는 하나님께 영광이요 땅에서는 하나님이 기뻐하신 사람들 중에 평화로다"(눅 2:14).

찬양을 듣고 있던 관객은 양을 치는 목자들 몇 명이 전부였다. 양떼들 틈에서 잠을 자던 목자들은 눈앞에 나타난 휘황찬란한 광경에 정신을 잃을 뻔했다. 천사는 목자들에게 메시아가 나실 곳을 일러 주었다.

> "오늘 다윗의 동네에 너희를 위하여 구주가 나셨으니 곧 그리스도 주시니라. 너희가 가서 강보에 싸여 구유에 뉘어 있는 아기를 보리니 이것이 너희에게 표적이니라"(눅 2:11-12).

천사가 떠나자 목자들은 그제야 정신을 차렸다. 구원자이신 그리스도께서 나를 위하여 오셨다는 말이 믿기지 않았다. 나 같은 사람을 위해 주께서 이 땅에 오셨다니, 너무도 감격스러웠다. 목자들은 메시아를 찾아 정신없이 온 베들레헴을 다녔다. 구유에 누인 아기라는 단서가 전부이지만, 간절한 마음으로 찾았다. 그런데 목자들의 마음에 한 가지 걸리는 것이 있었다. 메시아가 마구간으로 오시다니, 도무지 이해가 되지 않았다. 그러나 하나님의 말씀이니 순종함으로 묵묵히 찾아다녔다.

마침내 목자들은 한 허름한 여관의 마구간에 도착했다. 그곳에서 구유에 누인 아기를 보았다. 그 모습을 보는 목자들의 마음에 전율이 일어났다. 가난하여 머리 누일 곳이 없어 양떼들 틈에서 자던 자신들처럼, 메시아가 동물들의 틈에 잠들어 있는 모습에 괜스레 눈물이 흘렀다. 나 같은 사람을 구원하시려고 온 메시아께서, 정말 나처럼 되셨다는 사실만으로도 큰 위로가 되었다. 목자들은 감격하여 아기 예수께 경배하고 돌아갔다.

예수님이 이 땅에 오심은 모든 사람들을 위해서였다. 사람들에게 천대받고 무시받는 목자들이라 할지라도 상관없다. 예수님은 의도적으로 마구간에서 태어나셨다. 돈이 없는 목자들이 혹여 여관 안으로 들어오지 못할까 봐 그리하셨다. 천대받던 목자들이기에 여관 주인에게 제지를 당할까 봐 굳이 마구간으로 오셨다. 사람이라면 누구라도 드나들 수 있는 동물 우리에 오셨다. 사람이라면 누구라도 예수님께 올 수 있음을 처음부터 보여 주셨다. 목자들이 예수님을 찾아간 것이 아니었다. 예수님이 목자들을 찾아가셨다.

목자들에게 찾아가셨던 주님은 나 같은 인생에게도 찾아오셨다. 나 같은 비루한 인생도 예수님을 만났다. 소망 없는 내게 먼저 오셔서 꽁꽁 얼어 있는 내 마음을 사랑으로 녹이셨다. 그 사랑에 마침내 얼었던 눈물이 다시 터져 나왔다. 나도 이제 울 수 있는 사람이 됨에 감사할 따름이다.

02
두 번 째 작 은 자
다음 세대

두 번째 작은 자 : 다음 세대

| 신앙의 패배자 |

대입검정고시에 합격하고, 수능을 봐서 한세대학교 신학부에 입학했다. 순복음교단의 신학교여서 그런지 다들 열정이 대단했다. 전국에서 기도한다는 사람은 다 모아 놓은 것만 같았다. 열정들이 어마무시했으며, 다들 모일 때마다 꺼내 놓는 간증들이 한 트럭씩은 되었다. 동료들의 간증을 들으며, 훗날 전국노래자랑처럼 전국고난자랑 같은 것을 해도 재미있겠다 싶었다. 물론 내가 1등이었다. 다들 내가 겪었던 이야기를 조금만 들려줘도 혀를 내둘렀다.

내 삶에 역사하신 하나님을 나누는 것이 참 좋았다. 문제는 서로 간증하고 자랑하기 바빴다는 것이다. 다들 모든 고난을 다 통과하고 마침내 신학이라는 피니쉬 라인을 통과한 승리자처럼 보였다. 이제 갓 신학을 시작하려 출발점에 선 사람들처럼은 도저히 보이지 않았

다. 다들 무언가 대단한 사람이 된 듯한 착각에 빠졌다. 마치 무엇인가를 다 이룬 사람인양, 세상의 이치에 통달한 사람처럼 굴었다.

"하나님이 살아 계시니 걱정할 것이 무어냐!"

기도하면 뭐든지 다 이루어진다는 강한 확신이 있었다. 내가 원하는 것이라면 다 기도로 구하여 얻을 수 있을 거라 여겼다. 나만 그런 게 아니었다. 친구들도 비슷한 확신을 가지고 살았다. 내게 주어진 문제를 기도로 극복할 수 있다고 믿었다. 기도로 문제들을 다 치워 버릴 수 있으며, 문제가 여전한 것은 기도하지 않은 불신앙에 지나지 않는다고 여겼다. 자연스레 고난은 기도하지 않아 받는 것으로 여겼다.

> "왜 기도를 안 하는지 모르겠어. 기도하면 하나님이 도와주시는데, 답답해. 어서 기도해서 하루라도 빨리 문제를 치워 버리지."

점점 초조해졌다. 1학년 때 나는 기도제목이 2학년 때도 응답이 안 되고, 3학년 때도 응답이 안 되니 얼굴을 들 수 없었다. 비루한 내 인생이 변하지 않았다. 어느새 나는 삶도, 신앙도 비루한 자가 되어 버리고 말았다. 문제 하나 극복하지 못하는 게으르고 불신앙에 빠진 자로 낙인이 찍힌 것 같았다.

그렇게 하나님께 간절히 매달렸는데 부모님은 술을 끊지 못하셨다. 오히려 이전보다 집에 술병이 더 많아졌다. 여러 문제들이 끊이지 않고 봇물 터지듯 일어났다. 부끄러워서 고개를 들지 못했다. 더 이상 친구들 앞에서 기도제목을 내놓을 용기도 없었다. 손가락질 당할까 봐 두려웠다.

그때는 미처 몰랐다. 하나님의 주권, 섭리라는 말을 들어는 봤지만 귀에 들어오지 않았다. 하나님이 주신 고난의 섭리를 이해하기에는 너무 어렸다. 고난은 불신앙의 증거에 지나지 않으며, 원하는 것은 무엇이든 기도로 얻을 수 있다는 확신으로 충만했다. 그러니 고난과 더불어 사는 것은 점점 더 어려워졌다. 고난은 받아들일 것이 아니라 치워 버려야 한다는 확신과 공동체의 분위기가 스스로를 옭아맸다. 그래서 더 헌신에 몰입했다. 내 치성이 부족하여 문제가 해결되지 않는다고 여겼기에 더 열심을 냈다. 팽팽한 텐션을 더더욱 조이고 또 조였다.

새벽과 정오, 밤에 하루 3번을 기도하고, 금요일이면 삼각산에 가서 철야기도를 했다. 교회 봉사에 더 열심을 내고, 구제와 선교에도 열심을 냈다. 하나님의 일이라면 물불 가리지 않고 뛰어들었다. 내가 하나님의 일을 하니 하나님이 내 일을 해 주시리란 확신을 가지고 나를 극한으로 밀어넣기를 반복했다. 이제 다 됐겠다 싶어 춘천 고향에 내려가 현관문을 열면, 술병들이 나를 반겨 주었다. 이전보다 더 많은 술병만이 현관에서 맞아 주었다. 아무리 해도 안됐다. 그렇게 난 신앙의 패배자로 낙인 찍혔다.

| 두 번째 퇴학 |

어려웠지만 신학교에서의 생활은 참 즐거웠다. 동기들과 좋은 선후배들 때문에 웃는 날도 많았다. 좋은 친구들을 많이 만났지만 안

타깝게도 좋은 스승님들이 많지 않았다. 제자들보다는 자기 앞길에 관심이 많은 교수님들이 많았다. 물론 좋은 교수님들도 계셨지만, 그분들이 모든 학생들을 다 돌볼 수는 없는 노릇이었다. 풍운의 꿈을 안고 신학교에 왔는데 돌봐 주는 이도, 끌어주는 이도 없어 방황하는 사람들이 부지기수였다. 그래서 나라도 뭘 좀 할 요량으로 이것저것 해 보았다.

어려운 중에 동기들과 후배들 챙긴다고 참 열심히 섬겼다. 함께 기도하려고 기도모임을 만들고 서로를 위해 기도했다. 없는 돈에 참 열심히 밥 사 주며 다녔다. 그래서 굶기도 많이 굶었다. 힘든 후배들이 있으면 먼저 찾아가서 이야기를 들어주고, 같이 기도해 주었다. 기도모임에 후배들을 초청하여 함께 기도했다. 방황하던 후배들이 마음을 다잡고 자리를 잡는 모습에 보람을 느꼈다.

3학년이 되어서는 부학회장을 했다. 1학기 때는 등록금이 없어서 휴학을 한 채 부학회장을 했다. 부학회장이라고 한 일은 후배들 챙기는 게 전부였다. 휴학생이라 기숙사에 들어갈 수 없어서 경비아저씨 몰래 학회실에서 쪽잠을 자며 지냈다. 후배들과 함께 기도해 주고, 밥 사 주고, 기숙사 식당에서 밥 해 먹이고 그렇게 지냈다. 덕분에 우리 학과 사무실엔 후배들로 붐볐다. 교수님들과 선배들이 그 모습을 흐뭇하게 바라보곤 했다.

다음 학기에는 일단 등록을 했다. 등록금을 내지 않은 상태로 한 학기 동안 후배들을 섬기며 지냈다. 학기 말이 다가올수록 학교에서는 등록금 납부를 독촉하는데, 방법이 없었다. 결국 난 등록금을 내지 못해 퇴학을 당했다. 3년 동안 내 모든 걸 바쳐 공동체를 섬겼는데, 내게 돌아온 건 퇴학이었다. 내가 퇴학을 당한 걸 아무도 모르는지 연락을 주는 사람도 없었다. 그렇게 많은 사람들을 섬겼는데, 나는 굶어가면서 밥을 사 줬는데 아무도 연락이 없었다. 내 앞에서는 그렇게 내 칭찬을 하고, 공동체에 꼭 필요한 사람이라며 칭찬해 주던 사람들의 말이 참 허망하게 느껴졌다. 그때 난 깨달았다. 내가 하나님께 버림받았음을….

기도하면 축복받는다는 말은 양날의 검이었다. 오히려 나를 향해 그 이를 더 훤하고 선명하게 드러낼 때가 많다. 기도로 축복을 얻는다는 확신은 신앙의 원동력이 되지만, 역으로 좌절케 하기도 한다. 아무리 기도해도 하나님의 때나 뜻과 달라 이루어지지 않을 때가 있다. 기도라는 것 자체가 하나님의 은혜를 구하는 것인데 은혜를 기도로 쟁취할 수 있다 여기니 더 이상 은혜가 아닌 공로로 변질되어 버리고 마는 것이다. 내 힘과 공으로 문제를 해결할 수 있다는 충만한 자기 확신은 스스로와 주변을 결국엔 피폐하게 만든다.

| 고난 당할 때, 가장 가까이 계신 하나님 |

그 시기에 집안 사정은 점점 더 어려워졌다. 살던 집을 정리하고 이사를 갔다. 새로운 곳에 도착하니 허름하고 작은 구옥이 있었다. 착잡한 마음에 짐을 옮기려는데 거기가 아니라 2층이란다. 위를 보니 좁고 녹슨 철제계단으로 통하는 작은 컨테이너가 있었다. 작은 컨테이너가 우리가 살 집이라는 말에 기가 막혀 말이 안 나왔다.

'내가 뭘 그렇게 잘못했을까?'

내가 무슨 잘못을 그렇게 크게 저질렀기에 인생이 이렇게 꼬일 대로 꼬였나 싶었다. 신학생 때도 열심히 기도했는데, 기도모임을 만들어 기도하고 매주 금요일마다 삼각산에 올라가 밤새 기도했는데, 왜 내게만 불행한 일들이 계속되는지 알 길이 없었다. 남들은 쉽게 기도도 잘 응답해 주시던데, 왜 내게만 이리도 모질게 구시는지 이유를 알 수 없었다. 그렇다고 하나님을 떠날 용기도 배짱도 없었다. 하나님 외에는 비빌 언덕이 없기 때문이다.

하루 종일 술주정하는 부모님 뒤치다꺼리하다 보면 하루가 금방 간다. 술 취한 아버지를 찾아 길거리를 배회하고, 어머니를 모시다 보면 어느덧 해가 졌다. 모두가 잠든 밤이면, 집을 나서 교회로 향했다. 지하 기도실에서 몇 시간 앉아 있다가 왔다. 기도도 안 나와서 그냥 앉아 있다가 오는 게 전부였다.

하루는 여느 때처럼 기도하러 가는데 폭우가 쏟아졌다. 갑자기 눈물이 났다. 서럽고 화가 나서 눈물이 비처럼 흘렀다. 하나님을 향한 원망이 쏟아져 나왔다. 하늘을 향해 고래고래 소리를 질렀다.

"어떻게 나한테 이럴 수 있어요! 그렇게 열심히 기도했는데, 다른 사람들을 섬겼는데, 작은 자들을 돌봤는데, 어떻게 저한테 그러실 수 있는 거냐구요! 왜 나한테만 그렇게 모질게 구시는 건데요!"

하늘을 향해 삿대질을 해가며 따졌다. 마음에 끓어오르는 분노를 주체할 수 없었다. 홀딱 젖은 몸으로 기도실에 가서 기도했다. 마음에 있는 걸 다 쏟아냈다. 차라리 지금 날 죽이시라고 기도했다. 그렇게 몇 시간 동안 속에 있는 분을 다 토했는데, 왠지 시원했다. 마음이 차분해졌다. 나도 알지 못하는 평안이 나를 감싸 안았다. 그때 난 깨달았다. 하나님이 나를 버리지 않으셨음을 알았다.

우리는 고난 당할 때, 하나님이 멀리 계신 것 같다. 그런데 오히려 그 반대이다. 고난 당할 때 하나님은 가장 가까이에 계신다. 내가 울 때, 곁에서 같이 울어 주신다. 자녀가 위험하거나 고난 당할 때, 부모가 하는 일은 단 하나다. 즉시 달려가서 안아 준다. 하나님은 내가 고난 당할 때, 내게 달려오셔서 안아 주고 위로하신다. 때문에 우리는 지옥 같은 이 땅에서의 삶을 살아낼 수 있다. 함께 울어 주시는 예수님이 계시기 때문이다. 괜찮다고 위로하시고, 내 삶을 지키시고 인도하심을 약속하시기 때문이다. 그 하나님 때문에 죽지 않을 수 있었다. 죽지 않고 살아서 내 삶에 역사하신 하나님을 이렇게 나누고 있다.

| 다윗의 인구조사 |

학교에서 제적을 당하니 영장이 나왔다. 스물다섯이란 늦은 나이 한여름에 군대를 갔다. 훈련소에서 몸은 고됐지만 마음만은 참 편했다. 집 생각을 할 틈도 없었거니와, 더 이상 술주정에 치이지 않으니 그렇게 편할 수 없었다. 훈련을 잘 마치고 자대를 배치받았다. 공교롭게도 수색대로 갔다. 목소리가 크고 열심히 하려고 하니 선임들의 사랑을 받으며 잘 적응할 수 있었다. 그런데 훈련할 때부터 좋지 못했던 몸에 결국 탈이 났다. 결국 군병원에 입실하는 지경에 이

르렀다.

훈련도 받지 않고 누워서 치료를 받으니 편할 거라고 생각했는데 전혀 그렇지 않았다. 당장 몸은 편할지 몰라도, 자대에 복귀하면 죽을 것 같다는 생각에 늘 불안했다. 기도하고 말씀을 읽으며 마음을 다잡는 나도 이러한데, 하물며 다른 환우들의 불안감은 말할 것도 없었다. 부대에 다시 복귀하지 않으려 꾀병을 부리고 자해하면서까지 의병전역을 하려고 했다. 사람이 지나다니지 않는 한쪽 구석에서는 어깨 수술을 한 번 한 환우들이 서로의 팔을 잡고 어깨를 다시 빼고 있었다. 수술을 한 번 했는데, 다시 빠져서 수술을 하면 제대를 시켜 주기에 그랬다. 그 외에 여러 환우들이 어디서 주워들은 다양한 방법으로 의병전역을 꾀했다. 몸도 아픈데, 마음도 아픈 환우들이 세상에서 가장 불쌍해 보였다.

입실하고 첫 번째 주일날 군병원 내에 있는 교회에 갔다. 기관병들은 많이들 참여했지만, 환우들은 5명이 전부였다. 예배 후 목사님과 이야기하며 환우회 조직에 대한 이야기가 나왔고, 나는 그날부터 환우회장으로 움직이기 시작했다. 매일 시간을 정하여 교회에서 간식과 차를 나누며 교제하는 시간을 만들고 환우들에게 알리기 시작했다. 그들의 이야기를 들어주고, 조심스레 말씀을 나누고, 복음을 전했다. 순식간에 병동에 소문이 나기 시작했고, 많은 환우들이 모임에 참여하기 시작했다.

나의 무릎 수술 날짜가 점차 다가왔다. 다들 군병원이 아닌 외부병원에서 수술 받으라고 했지만 형편상 할 수 없었다. 감사하게도 좋은 선생님을 만나 수술을 잘 마칠 수 있었다. 회복실에 누워 있는데 감사하면서도 외로웠다. 아무도 찾아 주는 이 없는 회복실에서 홀로 누워 있으니 참 쓸쓸했다.

그날 이후로 군병원에서 수술을 받아 회복실에 있는 환우들을 심방했다. 생전 모르는 사람일지라도 가장 아프고 힘들 때 찾아와 주니 다들 고마워했다. 작은 선물을 들고 가서 간단히 소개를 하고 기도해줘도 되겠냐고 물어본다. 그럴 때면 모두 힘없이 고개를 끄덕인다. 손을 잡고 기도해 주었다. 하나님께서 그의 회복을 도우시고, 남은 군생활과 인생을 맡아 주시길 간절히 기도했다. 그렇게 회복실에서 만난 사람들은 이후에도 지속적으로 교제할 수 있었다.

여느 때처럼 주일예배를 드리기 위해 교회로 갔다. 30분 전에 와서 예배를 위해 기도하고 있는데 평소와 달리 사람들의 웅성거리는 소리가 들렸다. 시간이 다 되어 기도를 마치고, 뒤를 돌아보는데 기절

할 뻔했다. 예배당 자리가 꽉 찬 것이다. 너무 기쁘고 감사해서 어쩔 줄을 몰랐다. 그런데 그 짧은 순간에 난 눈으로 사람 수를 헤아리고 있었다.

빠르게 사람 수를 스캔하는데 갑자기 마음에 '쿵'하고 두려움이 엄습했다. 그 순간 다윗의 인구조사하는 모습이 오버랩되었다. 그제야 나는 하나님께서 왜 다윗의 인구조사를 무겁게 벌하셨는지 깨달았다. 그것이 얼마나 큰 죄인지 마음으로 확실히 알게 되었다. 그때부터 난 의식적으로 사람 수를 헤아리지 않았다. 어디에서 무슨 사역을 하든, 사람 수가 아닌 한 사람 한 사람에게만 집중하려 했다. 하나님의 엄중한 경고의 떨림이 아직도 생생하기 때문이다.

군병원에서 한 가지 깨달은 것이 있다. 복음을 전하는 가장 좋은 방법은 낮은 데로 나아가는 것이다. 높은 데에 있거나 내 주변에 있는 사람들에게도 가서 복음을 전해야 하지만 그들을 전도하기란 어렵다. 그들의 관심은 이미 다른 데에 있기 때문이다. 반면, 낮은 데에 처한 사람들은 마음이 가난하다. 의지할 데 하나 없는 지독히도 가난한 마음이기에 복음에 즉각 반응한다. 복음을 받아들이는 수준이 아니라, 빨아들인다.

그래서 예수님은 심령이 가난한 자가 복되다고 하셨다. 의지할 데가 하나도 없기에 복음의 소중함을 절감하고 꽉 붙드는 삶을 살아가기 때문이다. 우리를 구원하시려 낮고 낮은 이 땅에 오신 예수님은 그것도 부족하다며 가장 낮고 더 낮은 곳만 골라서 다니셨다. 그래서 낮은 데에 방치된 나 같은 인생도 예수님을 만날 수 있었다. 낮은 데서 그 사랑 받았으니, 나도 낮은 데로 그 사랑 갖고 찾아가련다.

| 세 번째 퇴학 |

나는 그럴 줄 몰랐다. 나는 욕심이 없는 줄 알았다. 돈에도 명예에도 욕심이 없는 줄 알았다. 그런데 가만 보니 그렇지도 않았다. 나도 똑같은 죄인이었다. 군대에서 첫 번째 수술을 하고 있을 때, 친가쪽에서 오랫동안 해결되지 않았던 재산문제가 해결되었다. 덕분에 컨테이너를 나와 다시 아파트로 들어갔다. 모든 빚을 청산하고 새롭게 살 기회를 얻었다. 얼마나 감사했는지 모른다. 하나님은 내 기도를 응답해 주시지 않는다고 생각했는데, 하나님께서 한 번에 모든 걸 역전시켜 주셨기 때문이다. 기뻐서 몇날 며칠을 방방 뛰었다.

건강하게 전역하고 학교에 3학년으로 재입학을 했다. 집안이 안정되니 학업에도 집중할 수 있었다. 덕분에 1등 장학금을 받기도 했다. 학회장을 하며 다시 공동체를 섬겼다. 돈이 있으니 후배들 밥도 마음껏 사 줄 수 있었다. 졸업을 하고 같은 학교 신대원에 입학했다. 큰 교회에서 전임사역자로 불러주어 사역도 시작했다. 모든 게 완벽했다.

그런데 문제는 나에게 있었다. 내가 변하고 있었다. 예전처럼 기도하지 않아도 먹고살 수 있으니 전처럼 기도하지 않았다. 큰 기도제목이 응답이 되어 버리니 기도할 이유가 사라져 버리고 만 것이다. 간절함이 밀려나니 교만함이 그 자리를 대신했다. 인정받는 학생, 인정받는 사역자로서 더 높은 곳을 바라보았다. 나는 그렇지 않을 거라고 확신했는데, 어느새 성공을 좇는 목회자로 변질되고 만 것이다.

하나님이 그런 내게 은혜를 베푸셨다. 하루아침에 다시 집안이 망하게 하셨다. 돈도 다 날아가고, 부모님도 다시 예전으로 돌아가셨다. 아니 이전보다 더 심해지셨다. 어머니가 먼저 정신병원에 입원하고, 아버지가 그 뒤를 따랐다. 십수 년을 기도하며 겨우 얻은 기도 응답이 몇 년을 가지 못했다는 상실감에 절망의 나락으로 빠졌다. 더 이상 아무것도 할 힘도, 용기도 남아 있지 않았다. 그렇게 난 전임사역을 그만두고 대학원을 자퇴했다. 모든 걸 내려놓았다.

다시 들은 하나님의 음성

한동안 방황의 시간을 보냈다. 몇 달을 폐인처럼 지냈다. 그래도 먹고는 살아야겠기에 이런저런 일을 했다. 하루는 일을 하는데, 신학교 동기로부터 연락이 왔다.

"진교형, 이번에 우리 교회 청소년부 수련회 하는데 와서 설교 한 번 해 줄 수 있어?"

동기의 느닷없는 부탁에 당황했다. 지금 내 꼴에 무슨 설교란 말인가. 그래도 생각해 주고 전화해 준 동기가 고마웠다.

"어, 그래. 갈게."

약속된 날에 수련회 장소에 도착했다. 저녁집회 시간이었는데, 분위기가 약간 독특했다. 태권도를 하는 건장한 고등학교 남자 아이들이 앉아 있는데 엄한 분위기였다. 앞에 나가서 1시간 정도 설교를 하고, 기도하는 시간을 가졌다. 평소처럼 3시간 정도 함께 합심으로 기도했다. 그런데 이상했다. 보통 3시간 정도 기도하면 회개를 하고 성령님께서 역사하시는데, 그날은 아무리 기도를 쥐여짜도 아무 일도 일어나지 않았다. 다들 열심히 기도는 하는데 아무 일도 일어나지 않았다.

3시간 30분이 돼도 아무 일이 없기에 오늘은 날이 아닌가 보다 싶었다. 기도를 끊고 내가 마무리 기도를 했다. 그런데 마지막에 아멘을 하려는 찰나에 갑자기 마음에 30분만 더 기도하라는 감동이 일었다. 이미 다들 녹초가 되었는데, 아무 일도 일어나지 않았는데 30분을 더 하라니. 마음에 갈등이 일었지만 순종하기로 했다.

> "여러분, 양해를 구할 것이 있습니다. 기도회를 마치려 했는데 하나님께서 30분만 더 기도하라는 감동을 주셔서 조금 더 기도해야 할 것 같습니다. 우리 힘내서 다시 한 번 더 기도하겠습니다."

다시 시작된 기도, 무슨 일이 일어나겠느냐 싶었는데 시작하자마자 성령님의 역사가 나타났다. 그렇게 뻣뻣하던 고등학교 남자 태권도 선수들이 뒤집어지기 시작했다. 눈물, 콧물을 쏟으며 회개하기 시작했다. 방언의 은사가 나타나고, 하나님의 은혜가 물 붓듯이 부어졌다. 그렇게 우리 모두 하나님을 만났다.

기도회를 마치고, 모두 받은 은혜를 지금 노트에 기록하라고 했다. 다들 노트에 받은 은혜를 적을 때, 나는 십자가를 향해 무릎을 꿇고

기도했다. 은혜 주신 하나님께 감사했다. 하나님이 나를 버리신 줄 알았는데, 버리지 않으셨음에 너무 감사했다. 그렇게 기도를 하는데 마음에 하나님이 주시는 강한 감동이 밀려왔다.

"내가 너에게 다시 고난을 허락한 건, 다시 기도하게 하려고 그런 것이다."

펑펑 울기 시작했다. 기도응답 이후에 전처럼 기도하지 않았던 나 자신이 부끄러웠고, 그럼에도 나를 포기하지 않으시고 다시 기도의 자리로 불러 주신 하나님께 감사했다. 교만하고 패역한 나를 돌이키시려 끊임없이 수고하신 하나님의 손길에 감사했다. 하나님의 뜻을 분명히 알았으니 다시 기도를 시작했다. 매일 3시간은 기도하려고 몸부림쳤다. 그렇게 기도를 통해 무너진 내 마음과 삶이 회복되기 시작했다.

그날의 일을 통해 난 기도응답이 결코 축복이 될 수 없음을 깨달았다. 기도응답이 오히려 내게 올무가 될 수도 있음을 몇 년의 고난을 통해 체감했기 때문이다. 성도가 기도하는 목적은 기도응답도 문제 해결도 아니다. 그것은 과정 중에 나타나는 현상이지 목적이 되어선 안 된다. 기도응답이 목적이 되어 버리면, 응답받는 순간 기도의 이유가 사라져 버린다. 더 이상 기도하지 않는다. 응답받지 못하면 상실하여 기도의 자리를 떠난다. 이래저래 목적이 문제해결이 되어 버린다면 결국 기도의 자리를 떠나고 만다.

성도가 기도를 통해 누리는 가장 큰 유익은 하나님의 일하심을 가장 가까이에서 본다는 것이다. 내 삶에 하나님의 함께하심을 문제해결이 아닌, 눈앞에서 이루어지는 하나님의 뜻으로 확인하는 것이다. 때문에 성도는 죽을 때까지 기도할 수 있다. 설령 삶의 문제가 해결된다 할지라도 기도의 자리를 떠나지 않는다. 해결되지 않아도 마찬가지다. 주님이 다시 오시는 날까지 "하나님의 일하심"을 눈앞에서 보는 기쁨을 누리며 기도한다. 내 뜻이 이루어지지 않아도 괜찮다. 하나님의 뜻이 부족한 인생을 통해 이루어짐을 보는 기쁨이 너무도 크기 때문이다. 때문에 더 이상 고난은 치워 버려야 할 문제가 아니다. 내 삶에 하나님의 섭리를 이루는 통로로 자리매김한다. 고난에 담긴 섭리를 기도 가운데 깨닫게 하시니 살아갈 수 있다.

| 생명과 맞바꾼 복음 |

신학교 동기로부터 연락이 왔다. 교회를 개척했는데 도울 사람이 없어 힘들다며 도와달라고 했다. 교회에서 먹고 자며 매일 같이 기

도하고, 전도를 하러 나갔다. 새벽예배가 끝나면 3시간씩 기도하며 함께 어려운 시절을 지나왔다.

하루는 동기로부터 한 자매의 기도제목을 들었다. 대학생밖에 안 된 자매가 골육종으로 투병 중이라고 했다. 동기가 개척 전 사역하던 교회에 다니던 자매로, 신앙생활을 시작하자마자 주님을 만나 열심이었다. 그런데 급작스레 암 판정을 받았다. 난 그날부터 그 친구를 위해 기도했다.

몇 달 동안 자매를 위해 간절히 기도했다. 그 사이에 자매의 병증이 점차 악화되고 있다는 소식을 들었다. 하루는 기도 중에 하루빨리 자매를 찾아가야겠다는 감동이 일었다. 동기에게 말하고 급히 일정을 잡아 대전의 한 요양병원을 찾아갔다. 처음 만난 자매는 골육종으로 뼈마디만 앙상히 남은 채, 호흡만 겨우 하고 있었다. 폐까지 전이가 되어 말을 하지 못했다. 병원에서는 이미 숨을 거둘 상태이지만, 몇 달째 버티고 있는 상황이라고 했다.

때마침 그 자리에 자매의 가족들이 있었다. 교회 사역자가 온다는 소식에 불신자인 아버지는 자리를 피했다. 동기는 예전에 자매가 교회 다닐 때 기도제목이 늘 부모님이 하나님을 믿는 거였다고 말했다. 그러니 이제라도 예수님을 영접하자고 말씀드렸다. 한참을 듣던 어머님이 그러겠노라고 했다. 동기는 어머니에게 자기가 하는 기도를 따라서 함께 해 달라고 부탁하고, 기도를 시작했다.

"하나님, 저는 죄인입니다. 어디로부터 와서 어디로 가는지 모릅니다."

동기가 기도하고 어머니가 따라하는데 어디서 이상한 소리가 들렸다. 알아듣지 못할 웅얼거리는 음성이 들렸다.

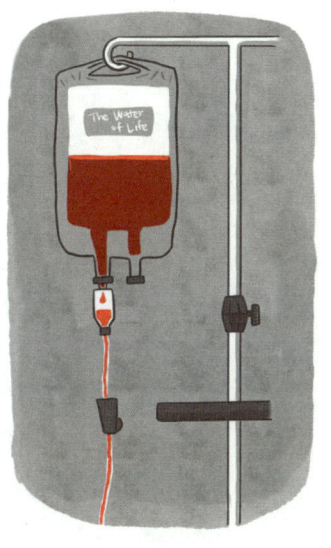

"흐느니... 저느 죄인이니다.."

무슨 소리인가 해서 봤더니 바로 자매가 기도를 따라하고 있는 것이었다. 동기의 기도를 어머니가 따라할 때, 자매도 함께 소리를 내 기도한 것이다. 암세포가 폐에 전이되어 말을 하지 못하던 자매가 지금 어머니가 예수님을 영접하는 기도를 도와주기 위해 모든 힘을 쏟아내는 것이었다. 온몸에 전율이 일었다. 왈칵 눈물이 쏟아졌다.

기도를 마친 뒤, 어머니는 다른 딸에게 당장 아버지를 모셔오라고 했다. 방에 들어온 아버지에게 어머니가 자초지종을 설명하자, 아버지도 고개를 끄덕이시더니 자기도 예수님을 믿겠다고 하셨다. 아버지를 위한 기도를 시작하자, 역시나 자매가 따라하기 시작했다. 방 안은 눈물바다가 되었다. 그 밤에 온 식구들이 예수님을 영접했다. 자매와 인사를 하고 감사한 마음으로 나왔다. 그리고 몇 시간 뒤, 자매는 그토록 그리던 주님 품에 안겼다.

예수님을 믿었던 그 짧은 시간 동안, 그리고 생의 마지막 몇 시간 동안 자매는 자기 사명에 충실했고, 다 이루었다. 하나님이 나를 언제 부르실지 아무도 모른다. 주님이 나를 구원해 주셨다는 감격에 눈물 흘려본 적이 있다면, 적어도 주님께 가는 날 드릴 열매가 없어서 가슴을 치며 눈물 흘리지는 말아야겠다. 천국에 가는 날, 이 땅에서 내가 가져갈 수 있는 것은 아무것도 없다. 오직 사람만 가져갈 수 있다. 자매는 그렇게 주님께 갔다. 하나님께 드릴 열매를 한아름 안고 갔다.

내가 만난 수많은 사람 중에 가장 복음에 충실했던 사람은 한 작고 가녀린 청년이었다. 하나님은 청년을 통해 내게 복음의 무게와 가치를 깨닫게 하셨다. 자기의 생명줄이 끊어지려는 순간에도 부모님의 구원을 위해 삶을 부여잡았다. 마침내 하나님이 허락하신 때에 자기의 모든 생명을 복음을 전하는 데 쏟아부었다. 그리고 그렇게 주님 품으로 갔다.

| 하나님의 선물 |

신학교를 떠났지만, 늘 마음 한구석은 그곳에 있었다. 특별히 후배들이 늘 걱정이었다. 후배들이 무언가 의미 있는 일을 했으면 하는 바람이 있었다. 그래서 학교와는 상관없는 내가 프로젝트를 하나 구상해서 기독교교육학과 학회장에게 전달했다. 미자립교회를 돕는 프로젝트인데, 미자립교회를 모아서 교사대학을 운영하고, 연합수련회를 준비하여 개최하는 프로젝트였다. 미자립교회들을 섭외하고, 돕는 일에 많은 후배들이 동참해 주었다. 그 일을 통해 미자립교회가 살아나고, 후배들도 자기 전공으로 어려운 교회들을 도움에 보람을 느낀 시간이었다.

당시에 수련회를 준비하며 특강강사를 섭외하려고 여자 후배에게 전화했다. 학부 때부터 자기 관리에 철저하여 좋은 대학원에 진학한 후배였다. 고등학교에서 교사로 근무하면서 동시에 대학에 나가 강의를 했다. 후배들에게는 선배인 동시에 교수님이었다. 모든 후배들의 귀감이 되고 존경하는 사람이 수련회에 강사로 와 주어 큰 힘이 되었다. 수련회 후에는 후배들 수고했다며 고급 레스토랑에서 몇 차례나 밥을 사기도 했다. 내가 벌려 놓은 일인데 마음을 다해 도와준 후배가 참 고마웠다.

모든 프로그램을 마치고 난 다시 혼자가 되었다. 당시에 '이러닝'(E-Learning) 관련 일을 했다. 늘 마감에 쫓기며 밤샘 작업하는 일이었기에 몸이 성치 않았다. 며칠 동안 잠도 못 자고 레드불을 한 번에 4개씩 마셔 가며 일했다. 하루는 집에 가려고 신도림역에 갔는데, 갑자기 어지러워 몸을 가누지 못하고 쓰러졌다. 식은땀이 비 오듯 하고, 숨이 막혔다. 병원에 갈까도 했지만 그럴 형편이 되지 못했다. 겨우 벤치까지 기어가 앉았다. 떨리는 손으로 전화기를 들어 그 후배에게 연락했다.

> "밤 늦게 미안해, 내가 지금 몸이 안 좋아서 기도를 좀 부탁하려고 전화했어."

후배가 누구보다 기도하는 사람이라는 것을 알았기에 기도를 부탁했다. 그리고 그렇게 몇 시간을 신도림역 벤치에 앉아 있었는데 누군가 내게 다가오더니 내 팔을 잡아서는 일으켜줬다. 바로 그 후배였다. 밤 11시가 넘은 시각에 후배 집은 강남 논현동인데 택시를 타고 신도림까지 온 것이다. 그렇게 후배는 나를 간호해 주고, 안정을 찾을 때까지 같이 있어 주었다.

다음 날부터 난 그 후배를 쫓아다니기 시작했다. 집 근처에 가서 무작정 연락을 하고, 직장에서 할 일을 가지고 후배 집 근처 카페에서 밤새 일했다. 얼굴이라도 한 번 더 보려고 별짓을 다했다. 후배는 그런 나를 만날 때마다 홍삼이나 몸에 좋은 것들을 이것저것 챙겨 주었다. 나는 후배도 나를 좋아해서 그런 줄 알았는데, 나중에야 그렇게 안하면 당장 내가 죽을 것 같아서 그랬다는 것을 알았다. 그렇게 난 후배를 죽자 사자 쫓아다녔고, 후배는 내 마음을 받아 주었다. 나중에 안 사실인데, 후배가 나를 받아 준 이유는 자기가 아는 사람 통틀어 내가 가장 불쌍했단다. 자기가 아는 사람 중에 가장 불쌍한 나를 받아 주었고, 후배는 내 아내가 되어 주었다.

아내는 하나님이 내가 지금까지 하나님을 위해 헌신했던 것들, 그리고 앞으로도 헌신할 것들에 대한 선물이었다. 늘 나한테만 모질게 구셨다고 생각했는데, 하나님은 나에게 가장 귀하고 값진 선물을 주셨다. 아무것도 가진 것 없는 내게 세상에서 가장 참하고 신실한 사람을 선물로 허락하셨다. 공평하신 하나님, 은혜가 한이 없으신 하나님을 찬양한다.

| 돌 위에 돌 하나도 |

아내랑 차를 타고 이동 중이었다. 한참을 가는데 저 멀리 신도림역이 보였다. 문득 옛 생각에 잠겼다. 늦은 밤에 나를 구하러 와 준 아내에 대한 고마움이 밀려와 그윽한 눈빛으로 아내를 바라보며 말했다.

"여보, 신도림역 지나간다. 저기서 여보가 나 살려줬는데. 참 고마운 곳이야."

아내는 가만히 듣고만 있었다. 무언가 맞장구를 칠거라고 생각했는데 묵묵부답이었다. 그냥 고개를 숙인 채 무언가 중얼거리고 있기에 무슨 소리인가 싶어 자세히 들어봤다.

"저기를 가지 말았어야 하는 건데 왜 저기를 가가지고, 내가 미쳤지 미쳤어. 왜 그날 평소보다 늦게 자가지고 왜 깨어 있어서 전화를 받은 건지?"

당황한 난 어쩔 줄을 몰랐다. 그냥 조용히 차를 몰았다. 그런데 아내의 목소리가 점점 커지기 시작했다.

"저기가 없어져야 하는데, 저기가 하루빨리 없어져야 할 텐데 돌 위에 돌 하나도 남기지 않고 무너져야 되는데?"

급히 엑셀을 밟아 속도를 내기 시작했다. 빠르게 신도림역을 지나쳤다. 그리고 그날 이후 아내와 드라이브 중에는 절대 신도림역을 지나가지 않았다.

| 특 별 한 위 로 |

동기의 개척을 돕는 일을 마치고, 한 작은 교회에서 사역을 시작했다. 청소년 아이들과 지내는 시간이 많았다. 매주 토요일엔 내가 라면이나 떡볶이 같은 간식을 해서 아이들과 함께 먹고, 서로 기도제목을 나누고 기도했다. 방학 때는 꼭 3박 4일로 자체 수련회를 갔다. 예배장소와 숙소를 섭외하고, 프로그램을 짰다. 프로그램이라고 해봤자 별거 없다. 아침부터 낮에는 놀고, 저녁에는 기도에 전념하는 게 전부였다. 수련회 때마다 하나님께서 많은 은혜를 주셨기에 아이들은 누구보다 수련회를 기대했다.

한번은 강원도로 수련회를 갔다. 리조트로 숙소를 잡고 인근에 있는 교회를 섭외했다. 교회에 도착해서 보니 아차 싶었다. 2층이 교회인데 1층이 단란주점이었다. 그래도 어쩌랴. 여느 때처럼 큰 소리로 찬양하고, 말씀하고, 기도했더니 놀라운 일이 일어났다. 첫날부터 성령의 역사가 나타나는 것이다. 보통은 셋째 날 저녁집회 때 일어날 일들이 첫날부터 일어났다. 그날 일을 통해 하나님의 은혜를 받음에 장소는 아무 상관이 없음을 알았다.

교회에 나온 지 얼마 안 되는 아이가 있었다. 가정에 큰 상처를 가진 아이였다. 초신자인 아이가 친구를 따라 수련회에 왔다. 평소대로 3

시간 정도 기도를 하고, 하나님의 은혜로 충만한 시간이었다. 예배 후에 그 아이가 내게 다가와 자기가 받은 은혜를 나눴다.

"전도사님, 저 기도하는데 밝은 빛이 임하더니 큰 손이 보였어요. 손이 저를 쓰다듬어 주시는데 너무 좋았어요. 마음이 평안해졌어요. 하나님이 정말 살아 계시나 봐요. 감사해요 전도사님."

환상이나 은사를 부정하진 않지만, 성경에 비추어 그릇된 것들이 있기에 완전히 신뢰하지도 않는 내게 그 아이의 환상은 특별하게 다가왔다. 오랫동안 가정의 상처로 인해 외롭게 지내던 아이를 찾아오셔서 쓰다듬어 주시고, 위로하신 주님의 은혜였다고 믿는다. 우리에게 완전한 계시로 성경을 주시고, 말씀을 통해 은혜를 주시는 하나님은 오늘도 여전히 특별한 위로가 필요한 자들을 특별하게 위로하신다. 그날 이후로 아이는 교회에 잘 나왔고 전보다 더 밝게 웃는 아이가 되었다.

| 상처 입은 공동체 |

교회사역을 본격적으로 시작하면서 다시 신학대학원을 들어가야겠다고 마음 먹었다. 마땅히 갈 곳을 찾지 못하다 지인을 통해 작은

교단의 신학교를 하나 알게 되었다. 입시를 준비하였고, 하나님의 은혜로 입학할 수 있었다. 그리고 신학교가 속한 교단의 교회로 사역지를 옮겼다. 교단 내에서도 명망이 있고 규모가 있는 교회의 청년부 사역자가 되었다.

첫 주에 담임목사님이 성도들 앞에서 내 소개를 하시는데, 인물을 보고 뽑았다고 하시면서 잘생겼다고 하셨다. 평생 살면서 키 크고 덩치 좋다는 이야기는 많이 들었지만, 잘생겼다는 말을 들은 적이 없었다. 어머니한테도 들은 적이 없던 말을 담임목사님이 수백 명의 성도들을 앞에 두고 하신 것이다. 그날로 난 교회에 뼈를 묻을 각오로 열심히 일했다.

청년들에게 인사를 하고 사역을 시작하는데, 약간 분위기가 이상했다. 공동체가 밝지 못하다는 느낌이 들었다. 그리고 얼마 뒤에 그 이유를 알게 되었다. 내가 오기 전에 교회에 여러 어려움들이 있었고, 그 영향으로 청년들이 매주 썰물처럼 공동체를 떠나가고 있던 차에 내가 들어왔음을 알게 되었다. 상처받은 청년들, 번아웃된 청년들은 내게 마음을 열지 않았다. 아무리 열심히 사역해도 이탈하는 청년들을 막을 수 없었다. 내 말을 들으려고 하지 않았다. 결국 내가 할 수 있는 건 기도밖엔 없었다.

청년예배인 주일 3부예배 시간 30분 전에 와서 예배를 위해 기도했다. 금요일에는 금요기도회가 끝나고 따로 청년부 기도회를 만들었다. 금요기도회 후에 한 시간씩 기도했는데, 아무도 오지 않았다. 그저 나 혼자 기도의 단을 쌓았다. 혼자라서 외롭기도 했지만, 나를 감싸는 하나님의 은혜가 있었기에 어려운 시간들을 버틸 수 있었다.

청년들과 함께 마음을 나누고 싶지만 여의치 않았다. 꽁꽁 얼어있는 마음을 녹일 수 없었다. 대화를 하기도, 마음을 나누기도 참 어려웠다. 하루는 한 청년의 할머니가 돌아가셨다는 소식을 들었다. 장례식장에 가려고 준비하는데, 한 목사님이 교회에서 조모상은 보통 가지 않는다고 하셨다. 충분히 이해되는 조언이었지만 그냥 장례식장에 갔다. 가서 그냥 같이 슬픔을 나누고 싶었다.

장례식장에 도착하여 상주에게 인사를 하는데, 곁에 있던 청년이 깜짝 놀랐다. 전혀 올 거라고 생각도, 기대도 안했던 담당전도사가 와서 적잖이 놀란 듯했다. 잠시 앉아 이런저런 이야기를 나누었다. 마음의 문이 닫혀 있던 청년이었는데, 조심스레 자기 이야기를 들려주었다. 내가 위로해 주러 갔는데, 마음의 문을 조금 열어 준 청년으로 인해 내가 위로를 받고 돌아왔다.

공교롭게도 그날 이후에 연달아 몇 건의 조부모상이 이어지고, 그곳이 어디든 자정이 넘은 시각이어도 찾아갔다. 말주변도 없고, 위로도 잘 해 주지 못했지만 그저 그 자리를 지켜 주었다. 그게 내가 할 수 있는 최선이었다. 마음의 문이 닫힌 청년들과 마음과 대화를 나눌 수 있는 유일한 창구였다.

| 기도하는 한 사람 |

여느 때처럼 금요기도회를 마치고 혼자 기도했다. 기타 치며 찬양을 하고, 기도하기를 반복했다. 한참 기도하는데, 문 여는 소리가 들렸다. 처음으로 누군가 들어온 것이었다. 같이 기도하겠다고 한 청년이 들어온 것이다. 너무 기뻤지만 기도하는 시간이라 티를 낼 수 없었다. 그저 하던 기도를 계속 이어갔고 기도제목을 던져 주며 함께 기도했다. 그렇게 청년과 한 시간이 넘도록 청년부를 위해 간절한 마음으로 기도했다.

그다음 주부터 놀라운 일들이 일어났다. 금요기도회 후 기도모임에 청년들이 나오기 시작했다. 1명이 2-3명이 되고, 나중에는 10명의 고정멤버가 기도하기 시작했다. 어떤 날은 20명이 넘는 인원이 자정이 넘도록 기도했다. 한마음으로 공동체를 위해 간절히 기도했다. 그룹을 나눠 기도제목을 나누고 중보기도하는 시간을 가졌다. 보통 1시간을 기도하는데, 어떤 날은 시간이 너무 길어져 자정이 넘어서 집에 데려다 줄 때도 많았다.

기도하는 청년들이 늘어나면서 청년부의 분위기도 차츰 달라지기 시작했다. 청년들이 나에게 특별히 먼저 말을 건네지는 않았지만, 삼삼오오 모여서 나에 대해 이야기하는 것 같았다. 특별히 조부모상에 다녀온 청년들은 마음의 문을 열어 주었다. 사소한 일상을 묻는 대화를 나눌 수 있음에 참 감사했다. 덩달아 다른 청년들도 차츰 내게 마음의 문을 열기 시작하였다.

부임 후 첫 번째 수련회를 기획하여 준비하는데, 버스와 장소를 다 섭외했음에도 예상인원이 10명이 채 되지 않았다. 아무리 설득을 해도 소용이 없었다. 역시나 할 수 있는 게 기도밖에 없었다. 청년부 임원단을 중심으로 청년들과 함께 기도하며 준비하였다. 철야기도 때 간절하게 함께 기도했다. 그리고 수련회가 점차 다가올수록 놀라운 일이 일어나기 시작했다.

당시 수련회 가는 일정에 미리 일본여행을 계획한 청년 둘이 있었다. 둘다 리더인 청년으로 한 청년은 청년부예배 찬양인도자였다.

수련회 일정이 잡히기 전에 계획한 것이었고, 너무 기대하던 여행이라 차마 수련회에 가자고 하지 못했다. 그런데 수련회를 코앞에 둔 시기에 두 청년이 일본여행을 취소하고 수련회에 함께 가기로 했다. 기도하는 가운데 하나님께서 수련회에 가라는 마음을 주셨다고 했다. 감사해서 눈물이 나려 했다.

두 청년의 결단이 기폭제가 되었는지 한 사람, 두 사람 수련회에 가겠다고 신청했다. 그리고 수련회 당일에 40명 가까운 인원이 참여하였다. 수련회에서 함께 즐겁게 놀다가 밤에는 간절히 3시간씩 기도했다. 상처받은 청년들의 마음을 하나님께서 위로하셨다. 예수님을 믿지 못하던 청년들이 주님을 만났다. 마지막 날 밤에는 눈물 흘리며 서로를 안아 주고, 축복해 주었다. 밤새 내게 주신 하나님의 은혜를 서로 나누느라 여념이 없었다. 그렇게 수련회를 통해 청년부 공동체는 안정되었다. 어려운 시기들을 잘 넘어갈 수 있었다.

어떤 공동체에 기도하는 사람이 한 사람이라도 있다면, 그 공동체는 망하지 않음을 다시 보게 하셨다. 하나님께서 그 기도를 받으시고, 그 기도한 자에게 당신이 행하는 일들을 보여 주신다. 함께 기도할 동역자들도 붙여 주신다. 그 어느 때보다 어려운 이때, 공동체에 기도하는 사람이 없다고 속상해하지 말자. 나 혼자 기도한다면 기뻐하자. 내가 먼저 하나님께 선택받은 사람이기 때문이다. 하나님께서 부족한 나를 통해 당신의 위대한 일을 행하실 것이다. 택함 받은 백성으로서 기도의 자리를 지킬 때, 하나님은 당신의 기도를 통해 영광을 받으시고 영광스러운 일을 행하신다.

| 갈릴리로 가라 하신 이유 |

청년부가 점차 안정되자 더 이상 빠져나가는 사람이 없었다. 새로운 청년들이 하나둘씩 새로 오기 시작했다. 새얼굴이 들어오니 공동체에 활기가 돌았다. 새가족 과정을 마친 청년들과 티타임을 가졌는데, 한번은 30대 초반의 직장인과 함께 했다. 전에 다니던 교회에서 굉장히 열심히 봉사했는데, 교회일에 지쳐서 한동안 신앙생활을 하지 않았다고 했다. 헌신하는 소수의 사람에게 교회일이 몰리는 구조로 번아웃이 온 것이었다.

당시에 그런 청년들이 많았다. 과도한 기대와 헌신의 요구에 지쳐 나가떨어진 청년들이 여기저기 산재했다. 처음 왔을 때부터 공동체 내에도 그런 청년들이 많았고, 새롭게 오는 청년들도 대부분 이전 공동체에서 번아웃을 한 번씩 경험해 봤다. 그래서 선뜻 교회에 나오기를 두려워하는 청년들이 점차 많아졌다. 회복되었음에도 이전의 상처로 인해 헌신하기를 주저했다. 청년들과 대화하며 기도하는 가운데 말씀을 준비했다. 심령이 지쳐 상해 있는 청년들을 향한 주님의 마음을 전할 때가 많았다.

그 청년의 이야기를 한참 들어주었다. 문득 얼마 전 나눴던 설교가 떠올랐다. 청년의 이야기를 다 들은 후 조심스레 말했다.

> "최후의 만찬 직후였어요. 예수님은 당신이 십자가에서 죽으시고 부활하신 뒤, 먼저 갈릴리에 가서 기다리겠다고 하셨어요. 부활 직후엔 마리아를 통해 제자들에게 갈릴리로 오라고 하셨어요. 마리아가 급히 가서 예수님의 말씀을 전했지만 제자들은 부활을 믿지 않았어요. 갈릴리에도 가지 않았어요. 부활한 예수님을 두 번이나 만났지만 제자들은 예수님을 따르지 않았어요. 부활한 예수님을 따를 염치가 없었던 거예요. 예수님을 배신하고, 모른 체했던 자기들의 모습에 자괴감이 들어 포기한 거죠."

내 말을 듣던 청년이 무언가 골똘히 생각에 잠기는 듯했다. 그러더니 몇 번 고개를 끄덕였다. 안심하고 계속 말했다.

> "제자들은 이전의 삶으로 돌아가려 했어요. 모두 물고기를 잡으러 갔

어요. 그런데 밤새 한 마리도 잡지 못했어요. 허탈한 마음에 돌아가는데, 예수님이 먼저 와서 기다리고 계셨어요. 아침상을 차려 놓고 제자들을 맞아 주셨어요. 예수님은 제자들과 함께 식사를 하면서 베드로에게 '네가 나를 사랑하느냐'라고 세 번 물어보세요. 결코 책망하신 게 아니에요. 베드로가 비록 예수님을 세 번 부인했지만 그럼에도 예수님을 사랑하고 있음을 확인시켜 주신 거예요. 부족하고 연약해도 예수님을 사랑하는 거 아니까 괜찮으니 따라오라고 하신 거예요. 그 말에 베드로가 다시 예수님을 따르기 시작해요."

청년의 눈시울이 붉어지기 시작했다. 금방이라도 눈물을 터뜨릴 것 같았다. 잠시 망설였지만 남은 말을 이어갔다.

"제자들은 기억하지 못했지만, 예수님은 갈릴리로 오라고 하셨어요. 먼저 가서 기다리겠다고 하셨죠. 예수님은 제자들이 선뜻 당신을 따르지 않을 걸 아셨어요. 죄책감과 자괴감으로 주의 길이 아닌, 예전의 삶으로 돌아가려 할 것도 아셨어요. 그래서 갈릴리에 가서 먼저 기다리겠다고 하신 거예요. 제자들이 넘어질 그 자리에서 먼저 가서 기다리신 거예요. 다시 손 잡아 일으켜 세워 주셨어요. 우리도 주의 길을 가다 넘어져요. 주님을 다시 따를 힘도 엄두도 나지 않아요. 주님이 내게 베푸신 사랑을 분명히 알고 믿지만, 더 이상 아무것도 할 수 없어요. 그런데 주님은 다 알고 계셨어요. 내가 쓰러진 그 자리에서 다시 시작하세요. 나를 다시 일으키세요. 그렇게 다시 주의 길을 가게 하세요. 그러니 주께서 형제를 다시 주의 길로 인도하시리라 믿어요."

말이 끝나기 무섭게 형제의 눈물샘이 터졌다. 하염없이 울고 또 울었다. 나는 그저 묵묵히 아무 말 없이 그 자리를 지켜 줄 따름이었다. 한참을 그렇게 고개 숙인 채 울던 청년은 다시 고개를 들었다. 눈에 고인 눈물 때문인지 눈이 밝아진 것 같았다.

청년은 교회에 잘 적응했다. 얼마 뒤에는 누가 시키지 않았는데 헌신의 자리를 찾아갔다. 공동체에서 동생들을 챙기며 리더로서 자리 매김했다. 쓰러졌다고 다 끝난 것이 아니다. 넘어진 그때는 주님의 다시 일으키심을 경험할 소중한 시간이다. 그렇게 넘어지고 서기를 반복하며 우리의 신앙은 점점 깊어져만 간다.

| 회복된 공동체 |

청년들에게 참 많은 사랑을 받았다. 말로 다 할 수 없을 만큼의 큰 사랑을 받았다. 사랑받을 자격이 없는 나를 청년들이 과분할 정도로 사랑해 주었다. 내 생일이나 스승의 날이면 청년들이 없는 돈을

모아서 선물을 사 주었다. 당시 청년들이 넥타이를 선물했는데, 여전히 나는 그 넥타이들을 메고 다닌다. 썩어 없어지기 전까지는 메고 다닐 예정이다. 청년들이 내게 장난을 걸어오고, 심지어는 내 머리 꼭대기에서 놀아도 그저 좋았다. 청년들의 사랑을 받는다는 게 참 행복했다. 처음에는 하루라도 빨리 도망치고 싶었는데, 청년들과 함께하는 시간들이 너무 좋았다. 오랫동안 청년들과 함께하고 싶었다.

청년부는 점점 안정되기 시작했다. 무엇보다 점점 따뜻한 공동체가 되었다. 서로를 품어 주고, 연약한 자의 손을 잡아 주는 청년들이 점차 많아졌다. 서로 함께 울고 웃는 공동체가 되었다. 하루는 한 청년이 조부모상을 당했다. 주일날 광고를 하고 장례식장이 그렇게 멀지 않으니 올 수 있는 청년들은 오라고 했다. 먼저 도착해서 조문을 준비하는데, 청년들이 속속 도착했다. 각자 삼삼오오 짝을 지어 차를 타고 도착했다. 순식간에 장례식장이 청년들로 가득했다. 50명이 넘는 청년이 장례식장에 온 것이다. 슬픔을 당한 청년이 많은 위로를 받았다. 서로 어깨를 토닥이고 함께 우는 청년들의 모습이 참으로 아름다웠다.

청년부 4년 차에 하계수련회를 준비하며 청년부 출신인 목사님을 강사로 모셨다. 첫째 날과 둘째 날에 목사님은 복음이 무엇이며, 청년이 가야 할 길에 대한 명확한 메시지를 보여 주었다. 목사님의 메시지가 청년들의 마음을 움직였다. 마음밭이 준비된 청년들과 셋째 날 밤에 기도회를 하는데, 놀라운 역사가 일어났다. 회개의 역사가 일어나고, 개개인에게 놀라운 변화가 일어났다. 특별히 오랫동안 방황하던 청년들이 있었는데 모두 주님을 만났다.

그날 밤은 참 특별했다. 수련회에 참석한 인원들이 모두 자신이 받은 은혜를 나누느라 여념이 없었다. 말씀과 기도 중에 내가 만난 하나님을 나누는 얼굴들이 어찌나 해맑던지. 속 썩이던 청년들도 하나님 때문에 기뻐서 방방 뛰는 모습에 그간의 수고가 보상을 받는 듯했다. 청년의 때에 내가 누렸던 하나님의 은혜를 모든 청년이 누림을 보게 하심에 그간의 고생과 설움이 눈 녹듯이 사라졌다.

| 마음이 지독히도 가난한 다음 세대 |

십여 년간 청소년과 청년으로 대변되는 다음 세대 사역을 하면서 참 어려운 것들이 많았다. 급변하는 세대 속에서 권위가 해체되었다. 목회자의 말에 권위와 신뢰가 사라진 지 오래다. 무엇으로도 다음 세대의 마음을 얻을 수 없었다. 내가 어릴 적엔 떡볶이나 초코파이 하나만 줘도 교회에 우르르 몰려갔는데 오늘날은 치킨이나 피자에도 눈 하나 깜짝 안 한다.

무엇 하나 부족할 것 없고 부모님도 든든히 서 계시는 그들과 내가 다를 바 없는 것을 하나 발견했다. 바로 마음이 마비되었다는 것이다. 의지할 데 없고 울어도 소용없어 상처받기 싫은 마음에 난 스스로 마음을 마비시켰다. 다음 세대는 끝없는 경쟁에 떠밀려 약한 모습을 드러내면 안 되기에 스스로 마음을 마비시켰다. 부모의 사랑을 받기 위해, 인정을 받기 위해 그렇게 공부하는 기계가 되어 감정 없이 살아간다.

결국 성취를 이뤄냈지만 무언가 이상했다. 행복할 거라고 했고 행복할 거라 믿었는데 행복하지 않았다. 평생을 하라는 대로 했고 성취했는데도 남는 건 공허함이다. 그러니 권위를 인정할 수 없는 것이다. 평생 속았다고 생각하니 어른들의 권위를 인정하지 않는다. 반면, 성공하지 못한 이들은 깊은 좌절과 우울감으로 절망에 빠지고 만다. 나를 구렁텅이로 몰아넣은 어른들에 대한 원망이 가득하다. 그러니 권위를 인정할 수 없기는 마찬가지다. 결국 그 시작부터 잘못된 것이다. 사랑받고 품어져야 할 시기에 홀로 내던져진 인생이기에 결코 행복하지 않은 인생으로 점철되고 말았다.

아무리 마음을 마비시키려 해도, 아무렇지 않은 척해도 사람이기에 마음 깊은 곳엔 결핍이 있다. 누구에게도 드러내지 않은 결핍이 드러나는 순간이 있다. 참지 못하고 터져 나올 때가 있다. 청소년은 그런 때가 종종 있다. 문제는 청년이다. 마음이 더 오랫동안 마비되어 결핍이 드러나지 않는다.

그러다 예상치 못한 고난을 당하거나 슬픈 일이 닥칠 때면 마음이 순간 무장해제가 된다. 그때가 바로 우리가 필요한 때다. 스스로 어쩌지 못하는 감정의 격동에 당황하여 주변을 두리번거릴 때, 그때 우리가 곁에 있어야 한다. 괜찮다고, 울어도 된다고, 아픈 게 당연하다고 눈으로 말해 줄 수 있어야 한다. 그럴 때 우리는 한 영혼을 얻을 수 있다. 누구보다 강해 보이지만 실은 누구보다 약한 한 사람의 비빌 언덕이 되어 줄 수 있다.

다음 세대는 마음이 지독히도 가난하다. 그런데 잘 보이지 않지만 한구석에는 마음이 아니라 생활이 가난한 다음 세대가 있다. 깨어진 가정에서 돌봄 받지 못한 채, 끼니도 제대로 해결하지 못하는 다음 세대들이 수두룩하다. 떡볶이를 감사히 여기는 사람들이 있다. 치킨과 피자를 보면 눈이 휘둥그레지는 사람들이 여전히 있다. 하루 벌어 하루 겨우 먹고살기도 힘든 처지의 다음 세대들이 주변에 많이 있다. 다만 보이지 않을 뿐이다.

우리가 그들에게 다가간다면, 그들과 작은 것들을 나누며 마음을 나눈다면, 얼마든지 친구가 될 수 있다. 그들의 마음 문이 열린다. 교회에 다음 세대가 없어 미래가 없다고 말하기에는 비빌 언덕 하나 없어 마음이 가난한 다음 세대들이 너무 많다. 의지할 사람도, 의지할 곳도 없어 주님만 의지할 다음 세대들에게 주님을 전한다면, 그들이 교회로 나올 것이다. 구원의 은혜와 감격을 누리고, 고난 중에도 나를 건지시는 하나님을 경험한 그들이 또다른 부흥의 세대로 자리매김할지도 모른다.

만약 하나님이 우리에게 다시 한번 부흥의 기회를 주신다면, 우리 때와 같은 일을 다음 세대를 통해 다시 일으키신다면, 적어도 그들은 우리가 했던 실수를 되풀이하지 않을 것이다. 높은 곳으로 올라가기 위해 하나님을 이용했던 어리석은 죄를 반복하지 않을 것이다. 낮은 데에 있던 나를 찾아오셨던 예수님처럼, 자신들처럼 낮은 데에 처했던 자들을 향하여 끊임없이 나아갈 것이다. 그래서 여전히 다음 세대에 희망이 있다.

| **블루노트_세상에서 가장 공허한 여인의 질문** |

예수님은 사마리아의 수가성에서 한 여인을 만나 주셨다. 남편을 다섯 명이나 바꿔서 사람들의 손가락질을 받던 여인이었다. 자기 마음의 공허함을 채우기 위해 남편을 다섯 번이나 바꾼 여인이었다. 예수님은 그 여인에게 물을 좀 달라고 하셨다. 여인은 깜짝 놀랐다. 사마리아인인 자신들을 사람은커녕 개 취급하는 유대인 남자가 자신에게 물을 좀 달라고 했기 때문이다.

여인의 놀라움은 거기서 그치지 않았다. 예수님은 자신에게 영원히 목마르지 않을 물이 있다고 하셨다. 사람들 눈을 피해 물 뜨러 오가는 게 참 힘들었는데 영원히 목마르지 않을 물이라니, 귀가 쫑긋 열렸다. 더욱 놀라운 것은 예수님은 자기의 과거를 알고 있었다. 처음 본 남자가 자기가 남편을 다섯 번이나 바꾼 사실을 알고 있었다. 내가 원하는 것을 줄 수 있을 것 같은 웬 신령한 남자가 지금 내 앞에 서 있는 것이었다.

나의 과거에 대해 속속들이 알고, 내가 원하는 것을 주겠다는 사람이 내 앞에 있으면 우리는 당연히 내 소원을 말할 것이다. 내가 그토록 원하던 것을 말했을 것이다. 마침내 여인이 입을 열어 예수님께 부탁을 했다.

"주여, 내가 보니 선지자로소이다. 우리 조상들은 이 산에서 예배하였는데 당신들의 말은 예배할 곳이 예루살렘에 있다 하더이다"(요 4:19-20).

여인이 물은 것은 남편에 관한 문제가 아니었다. 다섯 명 중에 누가 진짜 내 사람인지, 내 남편인지 묻지 않았다. 진짜 내 사랑은 어디에 있는지 묻지 않았다. 여인은 예배에 대하여 물어봤다. 어디서 하나님을 예배할 수 있는지 물었다. 어떻게 해야 하나님을 만날 수 있는지 물어본 것이다. 남편을 다섯 번이나 바꿀 만큼 공허함의 끝까지 가 본 여인이 물어본 것은 결국 예배였다.

공허함의 극한에 이른 사람들은 안다. 세상 그 어떤 사람도, 그 어떤 것도 내 마음을 채울 수 없다는 것을 안다. 오직 예배로만이, 하나님을 만나는 것만이 내 목마름을 채울 수 있음을 절감한다. 하나님은 사람을 만들 때 마음에 작은 구멍 하나를 만드셨다. 그 구멍을 채울 수 있는 분은 하나님 한 분밖에 안 계신다. 아무리 채우려 해도, 세상의 것을 다 동원해도 결코 메워지지도 채워지지도 않는다. 오직 하나님만이 그 자리를 채우실 수 있기에 모든 인간은 근원적으로 공허함을 안고 살아간다. 하나님께 돌아오라는 신호를 주신다. 하나님을 찾을 길을 마음에 내신 것이다.

예수님은 그녀에게 복음을 전하셨다. 예수님의 말을 들은 여인은 복음을 받아들이는 정도가 아니라 빨아들였다. 그러고는 동네로 돌아가 사람들에게 복음을 전했다. 늘 사람들 눈을 피해 살던 여인이 동네 구석구석 복음을 전한 것이다. 우리 주변에 수가성의 여인 같은 사람들이 많다. 마음의 가난함을 채우려 세상의 것으로 자기를 치장하는 사람들이 있다. 겉으로 봤을 때는 무엇 하나 부족할 게 없다. 그러나 삶을 자세히 들여다보면 상처가 있다. 지독히도 가난한 마음과 공허함이 있다. 결국 자기 마음의 공허함을 어찌하지 못하고 주변을 둘러볼 때가 있다. 그때가 바로 우리가 필요한 때이다. 영원히 목마르지 않을 생수를 건네주어야 할 때이다.

03
세 번 째 작 은 자

목회자

세 번째 작은 자 : 목회자

| 17년 만에 받은 목사 안수 |

고등학교 3학년 때 자퇴하고 방황하다 하나님의 은혜로 한세대학교 신학부에 입학했다. 그때가 2003년이었다. 부름 받아 왔는데, 열심히 기도하고 헌신했는데 등록금을 내지 못해 신학교에서 퇴학을 당했다. 그때가 2005년이었다. 군대를 다녀오고 3학년으로 재입학하였다. 신학부를 졸업하고 동대학원을 진학하였지만, 도저히 감당할 수 없는 고난으로 신대원을 자퇴하였다. 그때가 2011년이었다. 하나님의 은혜로 합동신학대학원에 진학하여 졸업하였다. 교회사 Th.M에 진학하였지만, 아이의 병원비를 감당할 여력이 되지 않아 휴학기한 초과로 제적을 당했다. 그때가 2020년이었다.

네 번의 퇴학을 지나왔다. 참 많은 우여곡절을 거쳐 마침내 목사안수를 받았다. 그때가 2020년이었다. 신학을 시작하고 17년 만에 목사 안수를 받았다. 안수식을 받는 날, 실감이 나지 않았다. 나 같은 사람이 목사 안수를 받는다는 게 한없이 영광스럽고 감사했다. 남들은 목사 안수가 무거운 짐처럼 느껴질지 모르지만 내게는 훈장 같았  다. 하나님이 부족한 나를 인정해 주셨다는 증거요 자랑이었다.

그 길을 걸어오며 참 많은 사람들을 만났다. 함께 좁은 길을 가는 동지들을 만났다. 안타깝게도 많은 동료들이 왔던 길로 되돌아갔다. 이전의 삶으로 돌아갔다. 왜 그러느냐고 물을 수 없었다. 나도 돌아가고 싶었기 때문이다. 실제로 돌아가려고 발버둥치기도 했기 때문이다. 내가 어찌 믿음 없다 타박할 수 있으랴. 그저 마음 아프고 안타까울 따름이다.

개인적으로 아끼던 한 젊은 신학생이 있었다. 어린 나이에도 불구하고 옥한흠 목사님을 존경하고, 공부와 학업에 열심이었다. 내게 사역의 길을 물으며 빛나던 눈망울이 아직도 눈에 선하다. 몇 년이

지난 뒤에 그 친구가 신학부를 졸업한 후에 신대원을 가지 않았다는 소식을 들었다. 사역을 완전히 내려놓았으며, 다시는 그 길을 가지 않겠다고 했다. 그 이야기를 전해 듣는데 가슴이 먹먹했다. 실망 같은 건 전혀 하지 않았다. 그저 그가 그 길을 가며 겪었을 수많은 갈등과 고난에 마음이 먹먹해졌다. 그 길 위에서 내가 아무런 힘이 되지 않았음이 죄스러웠다.

그 길을 포기한 사람들, 여의치 않아 내려놓은 사람들에게 공통점이 하나 있다. 그 길을 간절히 사모했다는 것이다. 주님의 부르심에 감격하여 그 길을 기쁨으로 내딛을 때가 있었다. 나를 위해 생명 주신 주님을 위해 나도 내 생명 드리겠노라며 담대히 길을 나섰다. 담대히 시작한 길이었지만, 연이은 고난에 힘에 부쳐 넘어지고 일어서길 반복하다 결국 뒤돌아서고 만다. 부디 그 친구가 받았을 상처들이 치유되고, 언젠가 다시 그 길을 가길 바라고 기도할 따름이다. 누군가 조금만 관심을 가져주었더라면 그 길을 갔을 텐데, 참 안타까웠다.

한번은 다른 교단의 신학생을 만난 적이 있다. 그는 학부 졸업 후 신학을 포기했다. 몇 번의 만남을 가지며 내가 크게 도와준 것도 없는데 어찌나 고마워하는지 너무 민망했다. 그를 마지막으로 보았을 때 그가 내게 이런 말을 했다.

"목사님 같은 분이 제 신학교 선배였다면 제가 끝까지 그 길을 갔을 텐데요."

난 그에게 정말 별거 해 준 게 없었다. 밥 한 번 사고, 이야기를 들어 주면서 몇 마디 보탠 게 전부였다. 작은 호의가 그렇게 크게 다가왔다는 것은 그동안 아무도 그를 챙겨 준 이가 없었다는 것이다. 좁은 길을 걸어가는 그에게 그 누구도 좋은 말동무도 길벗도 되지 못했다. 그래서 그의 말이 고마움보다는 아픔으로 다가왔다. 교회로 가는 길을 잃은 목회자들이 많이 있다. 내게 주신 교회의 사명으로 가는 길을 잃고, 공허한 마음으로 하루하루 살아가는 사명자들이 너무 많다.

그토록 위대한 성경에 나오는 믿음의 사람들도 넘어질 때가 있었다. 잠시 멈춰 쉬어 갈 때가 있었다. 사명자에게 넘어짐은 끝이 아니다. 그저 과정일 뿐이다. 내가 이 말을 자신 있게 할 수 있는 이유는 나도 넘어져봤기 때문이다. 그게 전부이다. 수없이 넘어져봤고, 일어서길 반복한 연약한 사람일 따름이다. 부디 하나님께서 잠시 쉬고 있는 수많은 주의 종들을, 하나님께서 친히 부르시고 세우신 귀한 사역자들이 힘차게 다시 그 길을 내딛길 간절히 소망한다.

| 꿈을 잃은 신학생들 |

한세대학교 신학부를 졸업하고 다니던 동대학원에 자퇴원서를 내고 나오는 길이었다. 교정을 바라보며 깊은 한숨과 함께 내뱉은 말은 "이제 어디로 가지?"였다. 소명과 열정으로 부푼 가슴을 가진 젊은 신학생은 온데간데없고, 상처받은 30대의 아저씨만 덩그러니 놓여 있었다.

신학부에 입학하던 날, 부푼 꿈을 안고 학교 기숙사에 짐을 풀었다. 서로의 발을 닦아 주며 섬기는 아름다운 공동체를 기대했다. 그런데 막상 생활해 보니 서로의 발을 닦아 주기보다는, 서로 발로 차기 바빴다. 서로를 비방하고 험담하는 소리들이 들렸다. 상처받아 신음하는 사람들이 많았다. 나중에야 공동체에 큰 상처가 있었다는 것을 알았다. 내가 입학하기 전에 학교에 큰 데모가 있었다고 한다. 그때 신학생들이 큰 상처를 받았고, 오랫동안 쌓아왔던 공동체성이 무너진 것이었다.

그럼에도 무너진 공동체를 일으키려는 선배들이 있었다. 매일 학교를 위해 간절히 기도했던 선배들과 함께했다. 새벽예배가 끝나고 함께 학교를 위해 기도했다. 정오마다 학교 중앙에 있는 '선악과'라 불리는 나무에 모여 기도했다. 매주 금요일에는 삼각산에 올라가 밤새 간절히 기도했다. 그 기도가 가난하고 휘청거리는 나를 붙들어 주었다. 학교를 위해 간절히 기도하는 선배들 덕분에 마음의 중심을 잡을 수 있었다. 어려운 중에도 나를 챙겨주는 선배들 덕에 배고플 적마다 배를 채울 수 있었다. 선배들에게 사랑받았기에 나도 그 사랑을 흘려보내며 살아갈 수 있었다. 늘 감사한 마음이다.

학교를 위해 간절히 기도하는 학생들의 노력에도 불구하고 학교는 여전히 시끄러웠다. 당시 신학부에는 신학과, 선교학과, 목회학과, 기독교교육학과가 있었다. 1학년 2학기 때, 급작스럽게 선교학과와 목회학과의 폐과가 결정되었다. 학과를 줄이고 다른 과를 신설하려는 목적이 있었다. 이미 학교에 큰 상처를 받았던 선배들은 또다시 깊은 상처를 받았다. 아무도 나서려 하지 않았다. 나라도 학교에 목소리를 내려 시도해 보았지만, 시도조차 할 수 없었다. 어차피 소용없음을 경험한 선배들이 나를 말렸다. 동조해 주는 이도 없었다. 결국 이번에도 쉽게 학교가 이겼다.

당시에 제자들보다 당신의 앞길을 닦느라 분주한 교수님들이 많았다. 자리를 지키려고, 더 높은 곳에 올라가려고 애쓰시니 제자들이 눈에 들어올 리 없었다. 그냥 두면 알아서 잘하겠지 하고 방치하셨다. 그래도 감사한 것은 소수일지라도 좋은 스승님들이 계셨다. 학생들을 마음을 다해 섬기고 사랑했던 교수님들이 계셨다. 그분들의 연구실은 늘 학생들로 북적거렸다. 배고플 때 찾아가면 언제든 자장면 한 그릇 시켜 주시고, 내 이야기를 들어주시는 교수님들이 계셔서 얼마나 다행이었는지 모른다. 그렇지만 그분들이 모든 학생들을 다 돌볼 수는 없는 노릇이었다.

좋은 교수님들과 선배님들 덕에 그래도 신학을 포기하지 않을 수 있었다. 중간에 방황할 때도 있었지만, 결국 제자리를 찾아가며 4학년이 되었다. 마지막으로 공동체를 위해 헌신하고자 기독교교육학과 학회장이 되었다. 학회장이 되니 전국의 기독교교육학과 학회장들을 만날 기회들을 얻을 수 있었다. 전국기독교교육학과연합(이하 전기련)으로 1년에 두 번씩 모이는데, 이를 준비하기 위해 매주 학회장들이 모여서 회의를 했다. 다른 신학교에 대해서 궁금한 것들도 물어보고 같이 교제하다 보니 서로 친해졌다. 조금씩 친해지다 보니 마음에 있는 이야기들도 꺼낼 수 있었다.

한번은 각자가 다니는 신학교 이야기들을 나눴다. 여러 이야기들을 들으며 안타까우면서도 동시에 반가웠다. 내가 신학교에서 겪었던 아픔을 다른 신학교의 학생들도 똑같이 느끼고 있었다. 희망 어린 마음으로 신학교에 왔지만, 상처받은 마음을 부여잡고 곳곳에서 신음하는 신학생들이 많았다. 참스승이 부족하여 방황하는 신학생들이 참 많음을 알게 되었다. 일만 스승은 있되 아비는 많지 않아 아비 없는 자식 같은 신학생들이 도처에 가득했다.

전기련 어울림제의 날이 밝았다. 전국에 있는 신학생들이 한자리에 모였다. 개회예배를 드리고, 기도회를 이어갔다. 난 기도회 인도를 맡았기에 앞에 가서 마이크를 잡고 학생들을 바라봤다. 왠지 가슴이 뭉클했다. 이런 말이 실례가 되겠지만, 다들 아비 없는 자식들처럼 보였다. 마이크를 잡고 간절히 기도 인도를 했다. 우리를 불쌍히 여겨 주시길, 우리의 갈 길을 인도하시길 간절히 기도했다. 감사하게도 성령님께서 큰 은혜를 부어 주셨다. 다들 큰 소리로 간절히 부르짖으며 눈물로 기도했다. 성령충만한 시간을 누릴 수 있었다.

그날의 전기련은 내게 좀 특별했다. 우여곡절 많았던 학부생활을 11학기 동안 하면서, 총 11번의 전기련을 갔었다. 그날은 왠지 다들 표정이 밝아 보였다. 서로 먼저 다가가고, 살아온 배경도 신학적 관점도 달랐지만 성령님 안에서 하나 됨을 경험했다. 서로의 연락처를 교환하고, 삼삼오오 모여서 소개하며 교제하는 모습을 보는데 마음이 그렇게 뿌듯할 수 없었다. 모두가 좋은 친구를 만나고 좋은 동역자를 얻은 귀한 시간이었다.

졸업을 하고 같은 학교의 신학대학원에 진학했다. 그런데 절반 이상의 졸업생들이 신대원에 진학하지 않았다. 다른 길로 간 지체들이 많았다. 사명을 따라 간 사람들도 있었지만, 신학교에 상처를 받아 신학의 길을 포기한 이들이 많았다. 나도 다른 곳으로 가고 싶었지만, 내가 자란 교단이고 공동체이기에 동대학원에 입학했다. 참 힘들었다. 신학부 때 배운 것을 똑같이 배웠기 때문이다. 같은 커리큘럼, 같은 교과서, 같은 내용의 강의를 또 듣는다는 게 고역이었다. 과연 3년을 버틸 수 있을까 싶었다. 그러다 때마침 하나님의 사랑의 징계가 우리 집을 덮쳤고, 난 신대원을 그만둘 수밖에 없었다.

학부를 졸업한 신학생이 신대원에 진학하는 일들이 점점 줄어들고 있다. 우리 때에도 절반이 신대원에 가지 못했는데, 지금은 상황이 더 안 좋아졌다는 이야기를 전해 들었다. 청소년 시절에 주님을 만나 뜨거운 열정으로 신학교에 왔는데, 왜 그들의 열정이 다 식어질 수밖에 없었는지 아쉬움이 남는다. 1학년 때 목사, 2학년 때 장로, 3학년 때 집사, 4학년 때 평신도가 된다는 농담이 왜 진담처럼 받아들여져야만 했을까 싶다.

교수님들이 조금만 더 제자들의 삶에 관심을 가져줬다면, 어떤 부르심과 비전을 가지고 왔는지 물어봐 주셨다면, 이따금씩 같이 식사하며 삶을 나눠 주셨다면, 기도실에서 제자들을 위해 기도해 주셨다면 더 많은 신학생들이 신대원에 진학하지 않았을까 감히 상상해 본다. 제자들로 북적이는 교수연구실이 많았다면, 고난의 여정 속에 혼란스럽고 배고픈 신학생들에게 비빌 언덕이 있었다면 더 많은 신학생들이 끝까지 그 길을 가지 않았을까 감히 생각해 본다.

얼마 전에 졸업한 신학교에 방문했다. 존경하는 교수님을 뵈려고 교수실에 들어서는데 깜짝 놀랐다. 교수연구실에 간식이 산처럼 쌓여 있는 것이었다. 드립커피를 비롯해 각종 음료가 일렬로 줄지어 있었다. 교수님의 큰 책상이 사라지고 조그만 간이책상이 구석에 박혀 있었다. 교수님은 간이책상에 앉아서 연구를 하고 일을 보셨다.

무슨 일인지 교수님께 여쭤보니 학생들 먹으라고 간식을 준비하셨다고 했다. 더 많은 학생들이 와서 먹고 쉬게 하기 위해 큰 책상을 치우고 소파를 하나 더 놓으셨다고 했다. 문은 늘 열려 있고, 학생들이 24시간 드나들며 먹고 마시며 쉬어 간다고 했다. 심지어 어떤 학생은 교수연구실에 와서 자기까지 한단다. 그 말을 듣는데 눈물이 날 것 같았다. 나한테 하신 것도 아닌데 눈물이 날 정도로 감사했다. 비빌 언덕 없는 세상에 학생들의 비빌 언덕이 되어 주시는 교수님이 계시다는 것이 내게 큰 위로가 되었다. 교수님 같은 비빌 언덕이 방방곡곡 신학교에 세워질 그날이 오면 많은 신학생들이 주께서 부르신 그 길을 끝까지 가리라 믿는다.

힘을 잃은 부교역자들

한 작은 교회에서 사역을 할 때 맡은 부서가 많았다. 주일학교, 청소년부, 청년부를 맡았다. 원래는 자취를 하며 사역을 했지만, 사례비로 월세를 내고 나면 도저히 생활이 되지 않았다. 그리고 교회 사역이 원체 바쁘고 일이 많아 교회로 들어와 살았다. 당시 담임목사님이 작은 교단이지만 총회장이셔서 외부일정으로 자리를 비우실 때가 종종 있었다. 그럴 때면 새벽예배와 주중예배 설교를 도맡아 했다. 1년에 한 번 성경지리답사를 인도하러 해외로 나가실 때면 주일예배 설교도 담당했다. 그런 날은 눈코 뜰 새 없이 바빴다. 보통 주일에 설교를 3편씩 했다면, 그날은 6편을 해야 했다. 몸은 고됐지만 그래도 괜찮았다. 담임목사님께서 참 좋으셨기 때문이다. 부족한 나를 응원해 주시고 세워 주셨던 목사님으로 인해 감사함으로 사역을 잘 감당할 수 있었다.

사역지를 옮기고 나서는 청년부 사역을 했다. 중형교회로서 교단에서 명망이 있는 교회였다. 청년 사역 외에 이런저런 일들을 많이 맡았다. 청년 사역에 매진하고 이런저런 일들을 하다 보니 내가 많이 바쁘게 보였나 보다. 하루는 한 권사님이 나를 걱정하며 말씀하셨다.

"전도사님, 너무 바빠서 어째요? 힘드시죠?"

권사님의 말을 듣는데 당황했다. 하나도 바쁘다고 느끼지도, 힘들지도 않았기 때문이다. 이전 교회에서 하던 사역에 비하면 부서 하나 맡는 것쯤은 아무것도 아니었다. 그래서였는지 더 내가 일을 찾아서 했는지도 모르겠다.

당시 신학교의 몇몇 동기들이 나를 부러워했다. 규모가 있는 교회여서도 아니고 전액장학금을 주어서도 아니었다. 담임목사님이 강신욱 목사님이라는 것을 부러워했다. 좋은 목회자이자 설교가로서 따뜻한 인품으로 유명했던 목사님과 함께 사역하는 것을 부러워들 했다. 내게 목회가 무엇인지 가르쳐 주시고, 어려울 때마다 도와주시고, 함께 마음을 나눠 주신 목사님이 참 좋았다. 보통은 담임목사님과 함께 자리하기를 꺼려하는데, 난 목사님이 어디 가시면 일부러 따라가려고 했다.

한번은 교역자수련회를 마치고, 교회에 도착했다. 다른 목사님들이 다 댁으로 돌아가시는데 담임목사님은 HOPE선교회 선교사님들 연합캠프에 가신다고 했다. 방금 지방에서 올라왔는데, 다시 내려가신다고 했다. 목사님께 같이 가겠다고 말씀드렸다. 목사님은 흔쾌히 동의해 주셨다. 오고 가는 길에 담임목사님과 깊은 대화를 나눌 수 있음에 참 감사했다.

교육전도사를 하던 때에 아내가 임신을 했다. 생활하기가 너무 버거웠다. 목사님께 전임사역을 시작해야겠다고 말씀드렸고, 목사님은 큰 교회의 전임자리를 소개해 주겠다고 하셨다. 그날 밤 기도하는데 하나님이 버텨야 한다는 마음을 주셨다. 다음 날이 주일이라 목사님께 전임자리로 가지 않고 남겠다고 말씀드렸다. 목사님은 당회에 내 사정을 전하셨고, 어려운 교회 사정에도 나를 준전임으로 임명해 주셨다. 사례도 두 배가 올라서 형편도 훨씬 나아졌다.

우리나라에 부교역자라 불리는 사역자들만큼 열심이고 부지런한 사람들이 또 있을까 싶다. 새벽예배 차량운행으로 하루를 시작하여 늦은 밤까지 쉬지 않고 사역한다. 쉬는 날에도 부르면 언제라도 달려간다. 내 몸이 부서져라 교회를 섬긴다. 지치는 법이란 없다. 지쳐도 지쳤다고 절대 말하지 않는다. 그저 감사함으로 주어진 사역과 사람들에게 최선을 다하는 충성된 사역자들이 어느 교회에나 있다.

그런데 부교역자가 지칠 때가 있다. 번아웃이 오고, 심지어는 공황장애가 오는 경우가 있다. 주변에 부교역자로 사역하다 번아웃된 친구들을 종종 만날 기회가 있다. 신학교 때 그렇게 밝고 자신감 있던 모습은 온데간데없이 사라졌다. 아무런 생기 없는 얼굴과 멍한 눈빛에 마음이 미어졌다. 왜 그런가 물어도 명확히 답을 해 주지 않았다. 그저 담임목사님과 있었던 일들을 담담히 꺼낼 뿐이었다. 담임목사의 사역에 부속품이 되어 인격이 무시당하고, 삶이 피폐해지는 일들이 반복되다 보니 결국 모든 것을 놔 버리고 말았다.

예수님은 제자들의 연약함을 감수하시고 사랑하셨다. 주변 사람들 눈치 보느라 제자들을 다그치지도 않으셨다. 본을 보이시려 발을 닦아 주시며 섬겨 주셨다. 잡히시는 순간에도 제자들을 살리시려고 공생애 중 유일하게 신적능력으로 사람을 제압하기도 하셨다. 배신한 제자들을 세 번이나 찾아가셔서 오히려 위로하시고 일으켜 주셨다. 제자들은 예수님이란 좋은 담임목사님을 둔 덕에 다시 일어나 끝까지 사명의 길을 걸어갔다.

길지 않은 십 년간 부교역자로 사역하며 내린 결론은 목회는 사랑이라는 것이다. 사랑하려 한다면 수단에 함몰되는 일은 없다. 성과에 치중한다고 동역자를 내팽개치는 일도 없다. 진정 사람을 사랑한다면 부교역자도 사랑한다. 예수님의 사랑받은 제자들이 작은 예수로 살아갔듯이, 많은 부교역자들이 사랑을 듬뿍 받아 이 어려운 시대를 사랑으로 이겨내길 바라본다. 생기를 잃은 친구들이 예수님 같은 담임목사님들과 다시 사역할 기회를 얻어 제자들처럼 무릎에 힘을 얻고 일어나 완주하길 간절히 기도하고 응원한다.

쉼을 잃은 이중직 목회자들

장애인 자립사역을 하기 위해 굿윌스토어에 입사했다. 말단사원으로서 기증 담당이었다. 1톤트럭을 운전하여 가가호호 방문해 기증품을 받아오는 일이었다. 동시에 주일마다 개척교회에 가서 사역을 했다. 일을 하면서 사역을 하는 이중직목회자가 된 것이다. 신학교 때 어렴풋이 들었던 이중직목회자로서의 길을 나도 모르게 시작해 버린 것이다.

주중엔 장애인 직원과 파트너가 되어 경기도 일대를 돌며 기증품을 받았다. 아침에 출발하여 저녁 전에 들어오면 트럭이 꽉 찰 정도로 기증품을 받았다. 어떤 날에는 반나절 만에 트럭이 채워져 매장에 들어와 비우고 나간 적도 있었다. 서쪽으로는 시흥, 남쪽으로는 오산, 동쪽으로는 광주까지 돌며 기증을 받으니 종일 운전을 했다. 어떤 날은 '내가 운전하러 입사했구나' 하는 생각이 들기도 했다. 그래도 일은 즐거웠다. 좋은 마음으로 기증을 해 주는 사람들이 대부분이라 참 좋았다. 음료를 건네주거나 간식을 준비해 주는 분들도 있었다. 일은 고됐지만, 친절한 사람들로 인해 즐겁게 일했다. 그래도 간간히 마음을 힘들게 하는 사람들이 있었다.

무더운 여름 날, 분당의 한 아파트에 기증을 받으러 갔다. 사용한 지 얼마 안 되는 에어컨과 옷과 잡화들이 있어서 기증을 해 준다기에 갔는데 막상 방문하여 보니 얼마 안 되었다는 에어컨은 내가 어릴 적에나 보던 구형이었다. 색이 다 바랬고, 너무 오래된 제품이라 기증이 안 된다고 정중히 말씀드렸다. 그랬더니 기증자가 대뜸 화를 내면서 무슨 소리냐며 왔으니 가져가야 한다고 고집을 부렸다. 도저히 말이 통하지 않았다. 기증해 준다던 옷들을 주는데, 한눈에 봐도 50벌이 채 안 되어 보였다. 그런데 기증품 내역서에는 300벌이라고 적어서 내게 주었다. 기가 차서 말이 안 나왔다. 의류는 보는 앞에서 하나하나 세어서 50벌이 안 됨을 확인시켜 주었다. 결국 아무 쓸모 없는 무거운 대형에어컨과 실외기를 옮기느라 더운 날에 생고생만 했다.

무엇보다 내 마음을 씁쓸하게 했던 것은 그 집에 붙은 십자가와 교회에서 준 성구액자였다. 교회 다니는 사람이 어쩜 이럴 수 있나 싶었는데, 그 정도는 아무것도 아니라는 것을 아는데 그리 오래 걸리지 않았다.

한번은 기증을 받으러 가니 여자분이 현관문을 열고 기증품을 건네주었다. 한참 기증품을 옮기는데 웬 중년의 남성이 상의를 탈의한 채 팬티만 입고 거실을 왔다 갔다 했다. 깜짝놀라 쳐다보는데 그분은 아무렇지도 않게 나를 한번 스윽 쳐다보고는 말았다. 순간 그분이 나를 사람 취급하지 않는다는 것을 알았다. 그냥 하찮은 일하는 사람이라 여기고 별 신경 쓰지 않았던 것이다. 그러다 거실 장식장에 있는 감사패가 눈에 들어왔다. 교회에서 준 것이었는데, 받는 사람이 장로였다. 그랬다. 그분은 교회 장로님이었다.

가장 기억에 남는 기증자 부부가 있다. 이사를 가고 정리한 것들을 기증해 준다기에 갔다. 이사를 이른 아침에 하여 기증품을 아파트 현관과 계단 비상구에 쌓아 둔다고 했다. 도착해서 눈앞에 펼쳐진 광경에 충격을 받아 한동안 움직일 수 없었다. 쓰레기산더미를 쌓아 둔 것이었다. 기증품이라고 도저히 볼 수 없는 쓰레기들을 현관부터 비상구 계단까지 산처럼 쌓아 두었다. 사용한 요실금기저귀부터 쓰다 남은 주방세제, 바닥이 다 벗겨진 냄비들과 온갖 쓰레기 잡동사니들로 가득했다.

기증자는 이미 이사를 갔고, 쓰레기를 그냥 두면 경비아저씨가 치워야 하는데 도저히 아저씨 혼자 치울 수 있는 양이 아니었다. 결국 그 더운 날에 2시간 동안 몇 번을 오르내리며 쓰레기를 치웠다. 그런데 거기서 끝이 아니었다. 기증한 부부 중 남편이 전화를 하여 기증품 내역서라고 보내 준 것대로 처리를 해 달라고 억지를 부리기 시작했다. 기증품이라고 인정할 수 있는 물건이 없어서 폐기했다고 말씀드렸더니 왜 남의 물건을 함부로 버리냐며 다시 돌려주든지 내역서대로 기부금영수증 처리를 해 달라고 고집을 부렸다. 그렇지 않으면 자기가 아는 언론사에 제보하여 방송에 내보내겠다는 협박도 서슴지 않았다. 몇날 며칠을 전화해서 몇 시간을 억지를 부리는 날들이 이어졌다. 굿윌사역을 하면서 가장 힘든 기증자였다.

그날 난 분명 보았다. 쓰레기가 쌓여 있는 아파트 현관에 붙은 교회 명패를 보았다. 교회를 다니는 부부가 틀림없는데 어쩜 그렇게도 이기적일까 싶었다.

'저들이 내가 목회자라는 것을 알아도 과연 그랬을까?'

오래 고민할 것도 없었다. 그러고도 남았을 것이다. 목회자가 아닌, 직장인으로서 살다 보니 성도들의 민낯을 보게 되었다. 좋은 분들도 많았지만, 참 이기적인 사람들도 있었다. 안타까운 건 그런 이들이 대부분 교인이라는 것이었다. 교회에서는 성도일지 몰라도, 교회 밖에서는 철저히 이기적인 군상들이 참 많았다. 교회 안에서만 좋은 성도면 뭐하나. 주님은 세상의 빛과 소금이 되라고 말씀하셨다. 교회에서 좋은 성도가 세상에서 좋은 성도가 되리라 확신할 수 없다. 반면, 세상에서 좋은 성도는 교회에서도 좋은 성도로 살아가더라.

이중직목회자로서 정체성을 지키고 산다는 것은 매우 어려운 일이었다. 교회에서 늘 목사님으로 불리다 일을 할 때는 "아저씨", "기사님", "저기요", "야"로 불리면 혼란스러울 때가 있다. 내가 목회를 하는 건지 일을 하는 건지 혼란스러울 때가 많았다. 너무 무례하고 비상식적인 사람들을 만나면 나도 모르게 불뚝불뚝 화를 내고 싶다가도 내가 목사라는 것을 끊임없이 되뇌며 겨우 화를 삭이곤 했다. 어쩌면 더 지쳐서 그랬는지 모르겠다. 주중에 일을 하고, 주말에 사역을 하니 단 하루도 쉴 수 없었다.

이중직목회자로 주중에 일을 하고, 주일에 설교를 한다는 것은 쉽지 않았다. 일을 하느라 진이 다 빠진 채로 원고를 마무리하는 것은 어려웠다. 보통 주일예배 설교 원고를 주일 새벽에 마무리했다. 어떤 날은 밤을 새서 마무리하기도 했다. 그렇게 주일 사역을 마치고 다시 일터로 나가면 몸이 정말 부서질 것 같았다.

가끔은 몸이 너무 힘들어 원고 없이 설교하고 싶을 때도 있었다. 원고 없이도 충분히 할 수 있다. 그것이 가진 장점도 분명히 있다. 가령 아이컨텍을 처음부터 끝까지 하고, 함께 호흡하며 설교하는 유익이 있다. 그럼에도 꼭 원고를 준비했다. 원고 없이 설교하는 것이 습관이 될까 두려웠다. 설교 준비 안하고 강대상에 올라가는 일들이 반복될까 염려되어 꼭 원고를 썼다. 원고를 마무리하는 것이 설교자로서 최소한의 예의라는 생각에 꾸역꾸역 겨우 원고를 마무리하고 잠이 들었다.

때로는 내가 하는 일이 조금은 덜 힘들어 원고를 쓸 여력이 있다는 생각도 했다. 나와는 비교도 되지 않을 중노동을 하시는 분들이 원고를 쓴다는 것은 매우 어려울 것이다. 원고를 쓴다는 것이 나의 의가 되어서는 안 되기에 원고에 매이지는 말아야지 생각했다. 그것이 설교든 일이든 내게 주어진 일을 주께 하듯 하면 된다. 하나님 앞에서 최선을 다해 몸부림치며 살면 된다. 누가 누구를 판단하고 정죄할 수 있겠는가. 힘들지만 오늘도 삶으로 설교 원고를 써 내려갈 따름이다.

비록 쉼을 잃었지만, 그럼에도 사명을 붙들고 살아가는 이중직 목회자들이 있다. 교회가 세상으로 나아가지 않으니, 목회자들이 그 옛날 사도들처럼 교회 안에서만 머무르려고 하다 보니 주님이 다시 흩으셨나 보다. 교회로 부름 받은 목회자 한 사람 한 사람이 처한 삶의 일터가 그분들로 인해 교회가 될 계획을 주께서 세우시고 이루고 계심을 믿는다.

| 숨을 잃은 담임목사님들 |

작은 교회에서 사역할 때, 예배당이 있는 지하 유아실에서 잠을 자고 새벽예배를 드렸다. 곰팡이 특유의 쾨쾨한 냄새가 났지만 별문제가 되진 않았다. 그런데 시간이 흐를수록 점차 숨을 쉬기가 어려웠다. 자고 일어나면 기침이 끊이지 않았다. 몇 개월을 지하에서 자다 보니 폐가 안 좋아졌다. 전기온돌로 따뜻하긴 한데 숨이 안 쉬어지니 어쩔 수 없이 1층 주일학교 예배당에서 잠을 잤다. 곰팡이가 없어서 숨은 쉴 수 있었는데 너무 추웠다. 그래도 숨은 쉬어야겠기에 달리 선택의 여지가 없었다.

담임목사님은 굉장히 근엄하신 분이었다. 작은 교단이지만 총회장이셨고, 늘 진지한 표정에 웃으시는 법이 없었다. 말 한마디 건네기가 어려웠다. 그래도 난 목사님이 좋았다. 좋은 분이라는 걸 알았기 때문이다. 간간이 보이시는 옅은 미소와 따뜻한 마음으로 섬겨 주심에 힘들고 어려워도 사역을 잘 감당할 수 있었다.

하루는 다음 날 새벽기도회 인도로 주일학교 예배당에서 잠을 잤다. 추운 겨울이었고, 유리문 틈으로 불어오는 칼바람에 머리가 아플 지경이었다. 보일러가 있지만 교회 형편을 알았기에 차마 틀 수 없었다. 누구 하나 보일러 틀지 말라고 한 적은 없지만 그렇다고 나 하나 따뜻하자고 보일러를 틀기엔 마음이 편치 않았다. 전기장판에 이불만 덮고 잤다. 일상이기에 아무렇지도 않았다.

새벽에 일어나는데 다른 날과 달리 몸이 개운했다. 원래 추워서 몸이 덜덜 떨려야 하는데, 따뜻한 온기에 몸이 사르르 녹듯 일어났다. 무슨 일인가 보니 보일러가 켜져 있었다. 분명히 내가 킨 적이 없는데, 보일러가 활활 돌아가고 있었다. 그랬다. 담임목사님이 내가 잘 때 몰래 들어와서 켜 놓은 것이었다. 부교역자 입 돌아갈까 걱정되셨는지 내가 자는 틈에 내려오셔서 보일러를 올리신 것이었다. 목사님은 그런 분이셨다. 내색만 안 하실 뿐이었다.

교회 설립 기념영상을 만들기 위해 목사님이 30년 전 개척 초기 사진을 갖다 주셨다. 사진을 보는데 한 장의 사진에서 시선이 멈췄다. 젊은 시절에 목사님이 방긋 웃으며 어떤 이에게 먹을 것을 떠먹여 주는 사진이었다. 내가 볼 수 없었던, 상상할 수 없었던 활짝 웃는 목사님의 모습에서 눈을 뗄 수 없었다. 이어지는 사진들에서도 목사님은 웃고 계셨다. 천진난만한 어린아이와 같이 하얀 이를 드러내며 까르르 웃으셨다. 목사님은 원래 그런 분이셨다.

나중에서야 다른 사람을 통해 알게 되었다. 목사님은 안 웃으시는 게 아니라 못 웃으신다는 것을. 안면신경 마비가 와서 웃지를 못하셨다. 개척 후 목회가 너무 힘드셨다고 한다. 교인들이 속 썩이는 거야 일상다반사고, 사기를 치는 교인, 칼 들고 집까지 찾아와 죽인다는 교인 등등 이루 다 말할 수 없는 일들이 목사님의 웃음을 마비시켜 버렸다.

지금껏 함께 사역하거나 알고 지내던 담임목사님들은 잘 웃지 못하셨다. 물론 웃기야 하셨지만 예전의 천진난만하던 웃음은 온데간데없이 사라졌다. 번아웃, 우울증, 공황장애 등으로 고생하셨다. 꺼져가는 심지처럼 옅은 미소가 점점 희미해지셨다. 가까이에서 지켜보니 이유를 알 것 같았다. 담임목사로서 감당해야 할 일이 참 무겁고 많았다. 품어줘야 할 사람들도 너무 많았다. 자신의 모든 것을 다 바쳐 섬기고 사랑했는데, 돌아오는 건 배신일 때가 비일비재했다. 난 사랑을 주었는데, 사망이 돌아오니 참 견디기 어려웠을 것이다. 하필 가장 믿었던 사람이 꼭 배신을 했다. 그렇게 몸도 마음도 찢기고 상하니 어찌 환하게 웃을 수 있겠는가.

목회는 양을 돌보는 일인데, 어떤 담임목사님들은 이리떼에 둘러싸여 있는 것처럼 보였다. 저렇게 드세고 무례한 사람들을 어찌 양이라 할 수 있나 싶었다. 이리떼에 싸여있는 목사님들을 보면 내가 다 숨이 막혔다. 하지만 그렇게 못되고 미운 자들임에도 포기하는 담임목사님을 보지 못했다. 할퀴고 이리저리 치여도 양처럼 여기며 품고 안아 주셨다. 하나님이 우리를, 부모가 자식을 포기하지 못하듯 양을 포기하지 못하니 목회자라고 부르셨나 보다.

철없던 신학생 때는 선교사가 제일 힘든 줄 알았다. 그래서 국내 목회는 그래도 나을 거라고 생각했다. 선교지에 가면 목숨을 잃을 수도 있지만 국내에 있으면 그럴 일은 없을 거라고 생각했다. 그런데 나이를 먹어가면서 보니 선교사님 못지 않게 담임목사가 참 힘든 자리라는 생각이 들었다. 선교사님의 고충 못지 않게 담임목사가 가지는 고충도 어마무시했다. 그걸 알고 나서부터는 담임목사님 임직식에 가게 되면 축하보다는 염려가 앞섰다. 축하한다고 목사님께

꽃을 주는 사람들을 보면 이상한 생각이 들기까지 했다.

'죽으러 가는 사람한테 축하한다고 꽃을 주시는구나.'

그럼에도 내가 만난 담임목사님들은 그 길을 걸어가셨다. 그것도 끝까지. 어떻게 그럴 수 있었을까? 여쭤보지 않아 알 길은 없지만 그냥 걸어가셨을 것 같다. 길이 보여서, 정답이 보여서가 아니라 가야 할 길이니 묵묵히 가신 것 같다. 길이 나 있다고 가는 게 아니라 가야 할 길이니 가는 것, 그것이 목회 같다. 목사님을 통해 난 목회는 성공하는 게 아니라 버티는 것임을 배웠다. 끝까지 버티는 것이 하나님께 충성됨을 깨달았다. 비록 사방으로 우겨쌈을 당하여 숨 쉴 수 없는 상태인 담임목사님들에게 주께서 숨을 불어넣어 주시길 기도한다. 부디 예전처럼 다시 천진난만하고 환하게 웃을 그날이 오길 간절히 기도한다.

| 넘어졌다 다시 일어서기 |

사역을 하다 보면 마음에 상처를 받거나 배신을 당하는 경우가 부지기수다. 그렇게 많이 맞았으면 맷집이 생길 법한데 당할 때마다 아파도 너무 아프다. 서러움과 분노에 며칠을 몸부림치다보면 문득

생각나는 사람들이 있다. 성경에 나온 믿음의 선배들과 나보다 먼저 그 길을 걸어가신 선배 목사님들이 생각난다. 그때는 몰랐고 그냥 가볍게 생각하고 넘어갔는데 그분은 죽음보다 더한 고통을 안고 계셨다는 게 느껴진다.

어릴 때는 성경에 나온 믿음의 사람들이 하나님께 위대하게 쓰임 받은 게 대단하게 다가왔다. 그들이 이룬 성취가 그들을 위대한 인물이 되게 했다고 믿었다. 그런데 지금은 그렇지 않다. 온갖 배신의 쓰라림을 감수하고 끝까지 그 길을 간 것이 눈에 들어왔다. 대단함을 넘어 경이롭기까지 했다. 나를 십자가에 못 박는 사람들을 눈앞에 두고, 나에게 돌을 던지는 사람들을 눈앞에 두고, 나를 거진 죽을 정도로 때린 사람들에게 다시 가서 예수님의 사랑을 전하는 기이한 믿음이 두려우면서도 몹시 부러웠다.

교회사역을 하다 번아웃이 온 적이 있었다. 연이은 상처와 배신에 마음이 찢길 대로 찢겨 너덜너덜한 채로 예수원을 찾았다. 다시는 사역을 하지 않으리라 다짐했다. 사람이 너무 싫었다. 예수원에서 그냥 가만히 앉아 산과 나무와 꽃들을 바라보기만 했다. 그렇게 며칠을 보내던 중, 문득 모세가 생각이 났다. 모세의 마음이 마치 내 마음이 된 것 같았다.

모세는 80세에 호렙산에서 다시 하나님께 부름 받았다. 그는 이런저런 핑계를 대며 다시 이스라엘 백성들에게 돌아가지 않겠노라고 했다. 차라리 지금 날 죽이시라는 각오로 수차례에 걸쳐 거절하기를 반복했다. 예전엔 그저 모세가 나이 들어서 무엇인가를 새롭게 할 용기가 없다고 생각했다. 그냥 지금 가족들과 편안하게 사는 게 좋아서 그랬다고 생각했다. 그런데 그 순간, 말씀이 새롭게 다가왔다.

모세는 애굽의 왕자로서의 모든 지위를 포기하고 이스라엘을 도우려 하였다. 그는 바로의 공주의 아들이라 칭함 받기를 거절했다. 도리어 하나님의 백성과 함께 고난받기를 잠시 죄악의 낙을 누리는 것보다 더 좋아하였다. 무엇보다 장차 오실 그리스도를 위하여 받는 수모를 애굽의 모든 보화보다 큰 재물로 여겼다. 모세는 애굽에 있었을 때에 이미 사명자였다. 자신을 향한 부르심이 무엇인지 잘 알고 있었다. 사명대로 살다 이스라엘 사람을 구해줬는데 오히려 이스라엘 사람들의 배신에 의해 한순간에 도망자 신세로 전락해 버리고 만 것이다. 사랑하는 가족들과 생이별을 해야만 했다. 그러니 얼마나 이스라엘이 미웠을까 싶었다. 얼마나 꼴보기 싫었으면 다시 가지 않으려 발버둥쳤구나 싶었다.

모세의 순종을 통해 이스라엘은 노예생활을 했던 애굽에서 탈출했다. 열 가지 기적과 홍해가 갈라지는 기적을 보았다. 그럼에도 이스라엘은 계속하여 하나님께 불순종하였다. 모세의 말에 사사건건 반대하였고, 심지어는 돌로 치려고까지 하였다. 가장 믿었던 가족들마저 모세에게 반란을 일으키고 자리에서 끌어내리려 하였다. 그럼에도 모세는 이스라엘을 포기하지 않았다. 죽는 날까지 이스라엘의 곁을 지켰다.

모세가 위대한 건 수많은 사람들을 이끌어서가 아니라 사랑할 수 없는 사람들을 사랑했기 때문이다. 큰 종은 수천, 수만의 사람들을 이끄는 자가 아니다. 누구도 품어 주지 않고 외면하는 이들, 자기 안에 박혀 있는 가시를 무차별하게 발산하여 상처 주는 이들을 꼭 안아 주는 사람이다. 많은 사람들을 이끄는 일은 많은 이가 할 수 있지만, 사랑할 수 없는 이를 사랑하는 이는 적다. 좁고 협착하여 찾는 이가 적은 그 길이 바로 목회의 길이라는 것을 알았다.

| 목회의 기쁨 |

많은 목사님들을 만나다 보면 온유함이 온몸에서 뚝뚝 떨어지는 분들이 있다. 얼마나 겸손하고 온유하신지 절로 숙여진 고개를 좀처럼 들 수 없을 정도이다. 한없이 깊은 눈동자로 나를 바라보며 내 말

을 경청해 주신다. 쉽게 조언하기보다는 끝까지 들으시고, 자신의 연약했던 때를 조심스레 나눠 주신다. 연약한 자신을 붙드신 하나님을 고백하는 온화한 목사님의 미소를 보고 있으면 점점 빠져든다. 무슨 이야기를 해도 다 받아 줄 것 같은 깊고 넓은 바다 같은 눈동자에 풍덩 빠져 헤엄치고 싶다.

그런 분들은 원래부터 그렇게 온유하셨나 보다 생각했다. 태생적으로 인격이 훌륭하신가 싶었다. 일전에 너무 온유하신 목사님을 뵙고 왔는데 사람이 이렇게까지 온유할 수 있구나 싶은 분이셨다. 친한 선배 목사님에게 그분 이야기를 했더니, 본인도 잘 아는 분이라며 이야기를 들려주었다.

"그 목사님, 원래 그렇게 따뜻한 미소를 가진 분은 아니었어요. 젊었을 때는 카리스마가 넘쳤어요. 강단 있게 사역하셨죠. 눈도 꽤 날카로웠어요. 그런데 개척하고 나서 참 어려운 일들을 많이 겪었어요. 성도들에게 상처받고, 치이고, 배신당하는 일들이 참 많았어요. 그 어려운 시절들을 지나오면서 목사님이 변하셨어요. 이전의 날카로움은 사라지고 점점 따뜻하고 온유한 분으로 변하셨죠. 지금은 보고 왔으니 잘 알겠지만 너무 온유하고 겸손하시죠. 그 온유함은 결코 그냥 만들어지지 않아요. 오랫동안 깊고 음침한 광야를 지나야만 얻을 수 있는 미소이지요.

면류관과 같은 것이에요."

목사님 말씀처럼 깊고 음침한 광야 동굴을 지나온 목사님들의 미소는 참 온화했다. 환경만 보면 우울해야 정상인데 한없이 따스하다. 시도 때도 없는 고난에 주께서 늘 위로해 주셨을 것이다. 더 많이 찾은 만큼 더 주를 만나셨을 것이다. 주님과 친해져, 그 얼굴이 주님을 닮아져 온유한 얼굴이 된 것이었다. 누구도 감히 함부로 하지 못할 사람이 되어서 그런 게 아니었다. 여전히 상처 주는 사람이 많고, 수없이 속을 뒤집어 놓는 이들이 있다. 그럼에도 목사님들은 내게 양을 맡기신 주님에 대한 감사를 가지고 계셨다. 나의 눈이 아닌 하나님의 눈으로 바라보며 품고 사랑하셨다. 그런 목사님들의 모습을 보며 상처받지 않을 순 없지만, 상처받지 않은 것처럼 사는 길이 있음을 눈에 아로새겼다.

얼마 전, 신학교 동기가 부교역자로 사역하는 교회에 찾아간 적이 있었다. 주차장에 차를 세우고 친구를 기다리는데 그 교회의 담임목사님과 가족처럼 보이는 사람들이 교회에서 나와 차에 오르기에 어디 가시는가 보다 했다. 그런데 차가 가지 않았다. 한참을 서 있더니, 몇 번 앞뒤로 왔다 갔다만 했다. 그러더니 목사님과 사람들이 차에서 내렸다. 사람들이 감사하다는 인사를 하고선 자기들끼리 차에 올랐다.

난 목사님께 인사를 드리려고 차에서 내렸다. 목사님은 신학교 후배 목사가 왔다고 반갑게 맞아 주시며 다음에 또 보자고 말씀하셨다. 그 순간에 아까 그 차가 시동을 걸고 우리 곁을 지나갔다. 목사님은 그 모습을 바라보며 혼잣말을 하셨다.

"좋은 차를 사서 너무 감사하다. 너무 기쁘고 감사해."

시야에서 멀어지는 차를 한참이나 바라보는 목사님을 물끄러미 바라봤다. 흐뭇한 미소에서 목사님의 진심이 느껴졌다. 성도가 새 차를 구입한 것을 진심으로 기뻐하셨다. 교회를 개척하고, 한평생 교회에서 목양의 사명을 감당한 목사님만이 지을 수 있는 흐뭇한 미소를 보았다. 그 미소가 얼마나 아름다운지 몰랐다. 자신의 일생을 한 영혼을 위해 쏟아부은 자만이 가질 수 있는 아름다운 미소였다. 지지고 볶는 인생들과 함께 지지고 볶이며 살아온 자만이 얻을 수 있는 면류관이었다.

오랫동안 목회를 하신 선배님들은 한결같이 그 길을 기쁨으로 걸어오셨다고 한다. 무슨 축복이라도 받으셨나 해서 보면, 꼭 그렇지도 않다. 목사님들이 말하는 기쁨은 신비체험이나 의지의 발동으로 인한 감정의 고조가 아니었다. 예수님이 가지셨던 기쁨을 그대로 받아서 누리셨다. 예수님이 누리시고 가르쳐 주신 기쁨의 본질을 정확히 파악하고, 그 기쁨을 추구하며 기쁘게 사셨다.

십자가를 지시기 전, 예수님은 내 안에 기쁨이 충만하다 하셨다. 이제 곧 십자가를 져야 하는데 기쁘다고 하신 것이다. 당신이 채찍에 맞으시고 징계를 당하심으로 우리를 살릴 수 있는 일이기에 기뻐하셨다. 부모가 대신 아파서 자녀가 치료될 수만 있다면, 대신하여 아플 수 있다. 대신 죽어서 살릴 수 있다면, 대신하여 죽을 수 있다. 억지로 하지 않는다. 기쁨으로 한다. 내가 아프고 죽어서 내 새끼 살리는 일인데 어느 부모가 기쁨으로 감당하지 않겠는가. 예수님은 그러한 기쁨으로 십자가를 지셨다. 예수님은 그 기쁨을 제자들이, 그리고 우리들이 받아 누리길 바라셨다.

목사님들은 이러한 영혼을 살리는 기쁨을 소유하셨다. 하나님이 죽기까지 사랑하시는 영혼을 살리는 기쁨을 누리셨다. 다윗은 그의 입을 통해 성도를 향한 예수님의 마음을 알려 주었다.

"땅에 있는 성도들은 존귀한 자들이니 나의 모든 즐거움이 그들에게 있도다"(시 16:3).

예수님은 이 땅의 성도들을 존귀하다 하셨다. 예수님의 모든 즐거움이 성도들에게 있다고 하셨다. 아무리 사랑하는 사람이라 할지라도, 내 모든 즐거움이 당신에게 있다고 고백하기 어렵다. 그러나 예수님은 나의 모든 즐거움이 우리에게 있다고 고백하셨다. 우리는 예수님의 모든 즐거움의 대상이 되는 사람을 살릴 수 있는 일에 부름 받았다. 내 삶을 통해 기뻐하실 주님이 눈에 선하기에 나도 기뻐할 수 있다. 썩어질 것이 아닌, 영원한 가치요 상급을 소유케 하시니 내 안에 기쁨이 넘친다.

| 끝까지 미워만 할 수 없는 이유 |

사람에게 배신당하는 게 사역자에게 흔한 일이지만, 한번은 큰 배신을 당했다. 정말 믿고 서로 의지했던 사람이 하루아침에 배신하고, 온갖 음해와 모함으로 큰 고통을 안겨 준 일이 있었다. 함께 어깨동무하고 어려움을 잘 지나왔는데 고난의 다리를 건너자마자 나를 낭떠러지로 밀어버렸다. 너무 마음이 아팠다. 배신감에 치가 떨렸다. 하나님께서 내 마음을 헤아리시고 갚아 주시길 간절히 기도하고 또 기도했다. 시편의 탄원시가 내 기도가 되어 날마다 눈물로

올려드렸다.

하루는 기도를 하는데 하나님께서 그를 불쌍히 여기는 마음을 주셨다. 그러면서 부자와 나사로가 떠오르게 하셨다. 말씀이 새롭게 다가왔다. 부자는 부자라서 지옥에 간 것이 아니었다. 거지 나사로를 돌아보지 않아 지옥에 간 것도 아니었다. 그 마음에 예수가 없기에 구원받지 못한 것이었다. 예수 없는 삶이기에 긍휼이 없을 따름이었다. 또한 나사로도 가난해서 천국에 간 것이 아니었다. 불쌍해서 천국에 간 것도 아니었다. 그 마음에 예수가 있기에 구원받은 것이었다. 예수 믿는 삶이기에 그 험난한 세월을 버텨낸 것이다.

나사로는 아브라함의 곁에 서서 지옥에 있는 부자를 보았다. 평생을 그의 집앞에서 구걸하였는데, 몸이 상해 헌데를 개가 핥을 정도였는데 한 번도 나와서 돌아보지 않던 그였다. 나사로가 고소했을까, 통쾌했을까? 안타까웠을 것이다. 자신은 비록 수십 년 저 땅에서 고난 당했지만, 그는 영원히 지옥에서 고통을 당해야 함을 알기 때문이다. 그래서 목사는 불쌍히 여기면 여겼지 미워만 하고 있을 순 없었다. 그때부터 그를 미워하지 않기로 했다. 생각날 때마다 불쌍히 여겨 주시길 기도했다.

아브라함은 나사로가 살았을 때에 고난을 받았기에 천국에서 위로를 받는다고 했다. 무엇을 위한 고난인지 이유는 알 수 없다. 다만 한 가지 확실한 것은 답을 아시는 하나님이 그와 함께하셨다는 것이다. 그래서 그는 버텨냈는지도 모른다. 그 대문 앞에서 끝까지 그 자리를 지켰는지도 모른다. 내 처지가 비루해서 어쩔 수 없이 지킨다고 여기는 삶의 자리가 있다. 그런데 정작 그 자리가 하나님께서 내게 맡기신 자리일 수도 있다. 그러니 비참히 여기지 말아야 한다. 내가 어디에 있든 하나님이 날 사랑하시고 함께하시며, 맡기신 자리이다. 호화롭게 연락(宴樂)하지 못할지라도 하나님이 함께하시니 난 괜찮다.

| 애처가의 길 |

세상 모든 애처가들의 모범이요 믿음의 선진인 엘가나옹께서는 자식이 없어 슬퍼하는 한나에게 "내가 그대에게 열 아들보다 낫지 아니하냐"(삼상 1:8)며 깊은 위로의 말을 건넸다. 아내의 상처를 건드리지 않으면서 배려와 애교가 섞인 그의 위로는 한나의 마음을 움직였다. 남편의 말에 식음을 전폐하던 한나는 다시 밥숟가락을 들었다.

믿음의 사람들의 순종은 시대를 관통하여 지금도 흐르고 있다. 며칠 전에는 서울에서 사역하는 목사님이 사모님을 위해 평생 하지 못했던 닭 손질을 했다. 아내의 몸보신을 위해 한 번도 만져 보지 않았던 생닭에 손을 대셨다. 율법에서 자유한 개혁주의 목회자셨지만 아내를 위해 일일 제사장이 되어 닭을 뜨고 불로 조리하셨다. 대전에서 사역하는 한 목사님은 아내를 위해 살구청을 담근지 며칠이나 됐다고 키위로 다시 청을 담그셨다. 세상 모든 걸 청으로 담그실 기세다.

애처가 목사님들의 거룩한 헌신을 보며 많은 도전을 받는 동시에 반성했다. 예전에는 12시간 걸려서 족발을 삶아서 진상했는데, 한동안 바쁘다는 핑계로 식단에 소홀했다. 지난날, 전업주부의 사명을 감당하기엔 연보가 부족하여 일을 할 수밖에 없었다. 체력의 한계에 무너졌던 나를 다시 일으켜 본다. 그래서 오늘은 퇴근하는 길에 돼지등뼈를 샀다. 밤새 핏물을 빼고 아침에 초벌을 한 뒤, 2시간 동안 뭉근히 끓인 감자탕을 진상할 것이다. 보상은 하나면 된다. 그분의 옅은 미소, 그거 하나면 충분하다.

| **지하를 못 벗어난 게 아닌, 지상을 벗어난 개척교회** |

개척교회는 지하에 많이 있다. 꿉꿉함과 곰팡이 냄새가 서서히 가슴을 조여온다. 특별히 장마기간엔 늘 물과의 사투를 벌여야 한다. 매년 여름, 지하엔 노아의 홍수가 임한다. 건강에도 안 좋고 사람들도 일부러 피하는 곳에 하나님은 왜 교회를 세우시는지 잘 이해가 되지 않았다. 그러다 늦은 밤에 문득 떠오른 생각이 있었다.

예수님은 낮은 이 땅에 내려오시고 그것도 부족하셨는지 더 낮은 데로만 내려가셨다. 낮은 데를 자처하시고, 스스로 작은 자의 모습으로 작은 자들과 함께 사셨다. 어떤 특권도 없이 그렇게 사셨다. 어쩌면 그 예수님의 마음을 전해 주시려 교회를 낮은 데에 세우신 것은 아닐까 싶었다. 어떤 돈도 특권도 없이 다 내려놓고 낮은 데서 시작하신 예수님처럼 시작하게 하시려는 것 같았다.

예전에는 기도하면 부흥하는 줄 알았다. 3시간 기도의 법칙, 하나님의 보좌를 흔드는 7시간 기도를 전적으로 신뢰했다. 내가 아는 목사님은 평생 하루에 3-4시간을 기도했다. 너무도 온유한 성품으로 열과 성을 다해 목회에 전념하셨다. 그렇게 평생을 목회하셔도 교회는 여전히 지하이다. 그럴 리가 없는데, 이러면 안 되는데, 그럼에도 여전히 지하를 벗어나지 못하셨다. 오늘도 목사님은 아무도 거들떠

보지 않는 곳에서 씨를 뿌리고 계신다.

 지금껏 사역을 하면서 한 가지 깨달은 것이 있다. 씨를 뿌리는 사역자가 있고, 거두는 사역자가 있다는 것이다. 모두가 거두는 사역자가 되길 원하지만 누군가 씨를 뿌리지 않으면 절대 열매를 얻을 수 없다. 세상에서는 열매를 거두는 사역자를 대단하다고 보지만, 저 천국에서는 이 땅에 씨를 많이 뿌린 자가 더 큰 칭찬을 받으리라 믿는다. 아무런 열매가 없음에도 맡겨 주신 사명이기에 묵묵히 씨를 뿌린다는 게 정말 어려운데 그럼에도 낮은 곳곳마다 찾아가 씨를 심었으니 주께서 얼마나 귀하게 보시겠는가. 천국에서 가장 큰 분들이다.

문득 개척교회는 '지하를 못 벗어난 게 아니라, 지상을 벗어난 것'이라는 생각이 들었다. 지하를 벗어나지 못한 게 아니라, 지상을 벗어난 것이라는 생각에 미쳤다. 낮은 데를 향해 끊임없이 나아가셨던 예수님처럼, 낮은 데를 향해 끊임없이 나아가는 목사님들의 노고가 내 마음을 새롭게 울렸다. 오늘도 이루 다 말할 수 없는 곤경 속에서도, 절망 중에도 씨를 뿌리는 목사님들이 계신다. 봐 주는 이 없어도 하나님이 보시니 괜찮다며 훌훌 털고 일어서신다.

신실한 목사님들은 집 없는
달팽이 같다. 비가 오면 그냥
맞고, 누가 밟으면 아파도 꾹
참는다. 가족들이 고생하는
모습을 눈물로 꾸역꾸역 삼
켜낸다. 하루하루 주의 길을

온몸으로 기어서 간다. 나는 믿노라. 그분들이야말로 천국에서 가
장 큰 자이리라.

| 쌓아 두면 망한다 |

오랫동안 사역을 하다 큰 성취를 이루면 멈춰 서는 분들을 본다. 그
동안 고생했으니 이제는 마음껏 누리는 분들을 종종 본다. 무엇 하
나 부족할 게 없어 보였다. 그분들을 가만히 보고 있노라면 삶의 목
표가 무엇일까 궁금해지곤 했다. 아마도 처음 시작 때부터 추구했
던 것을 다 이루셨으니 그러시는가 보다 생각만 할 따름이었다. 그
런데 문제는 그런 분들이 구설수에 휘말린다는 것이다. 교회의 명
예를 실추시키고, 많은 이들이 교회에 등을 돌리게 만드셨다. 그동
안 참 많은 열매를 맺으신 줄 알지만, 인생 말년에 다 땅에 떨어뜨리
신 것 같아 안타까움을 금할 길이 없다.

개인적으로 교회사 공부하는 것을 좋아했다. 공부하며 흥미로운 것을 하나 발견했다. 교회가 부패했던 때가 있었는데, 모두 한결같이 쌓아 두면 망하더라는 것이다. 교회가 오랜 고난을 견뎌 공인을 받고 로마의 국교까지 되었는데, 쌓아 두니 망했다. 쌓지 말자며 생긴 수도원은 탁발(托鉢)을 받았는데, 그게 쌓이니 망했다. 이번엔 탁발도 받지 말고 수도원에서 농사를 지으며 자급자족했는데, 그것도 쌓이니 망했다. 쌓으면 망하는 걸 알면서도 오늘도 여전히 쌓기만 한다. 쌓으니 교회가 망하고, 쌓으니 목사님도 망한다.

오랫동안 선교를 하시다 귀국한 목사님을 뵈었다. 무슬림들이 사는 곳에서 십수 년 선교를 하셨다. 원래 목사님은 굳이 선교지에 나가지 않아도 되셨다. 아버지가 유명한 목사님이시고, 목사님 스스로가 박사학위에 달란트가 많아서 소위 말하는 큰일을 할 수 있으셨다. 그런데 목사님은 굳이 선교를 나가셨다. 가장 어렵다고 불리는 나라에 가서 가난한 이들에게 복음을 전하셨다. 그것도 부족하셨는지 현지의 장애인들을 섬기셨다. 장애인학교에서 장애인과 함께 생활하며 가르치시고, 복음으로 세우는 일을 감당하셨다. 왕성하게 사역을 하시다 결국 추방을 당하셨다.

귀국 후, 한동안 지낼 곳이 마땅치 않아 고생을 하셨다. 몇 주에 한 번씩 선교관을 전전하셨다. 그 모습을 보며 너무 안타까웠다. 하나님 나라를 위해 충성하는 선교사님이 고국에 돌아왔는데 지낼 곳이 없어 이곳저곳 전전하는 모습을 지켜보는 것만으로도 복장이 터지는데, 목사님 본인이야 오죽하실까 싶었다. 어찌 목사님 한 분만의 이야기겠는가.

내가 아는 한 선교사님은 국내 굴지의 선교단체의 대표로 선임이 되셨다. 말씀이 너무 탁월하시고, 사역에도 큰 열매를 맺으셨다. 대표직을 감당하고자 현지 사역을 정리하고 귀국하셨다. 난 당연히 모든 게 세팅되어 있을 것이라 생각했다. 그 단체를 지원하는 교회가 우리나라에서 가장 큰 교회들이었기 때문이다. 그런데 선교사님이 지낼 곳이 마땅치 않았다. 6개월 동안 4군데를 옮겨 다니며 지내야 한다고 하셨다. 그 말을 듣는데 기운이 쭉 빠졌다. 판벽한 집에 지내는 수많은 교인들과 집이 없어 떠돌아다니는 선교사님들의 모습이 대비되어 가슴이 미어졌다.

처음에 언급한 목사님은 감사하게도 한 교회의 담임으로 청빙을 받으셨다. 교단 내에서 명망이 있고, 규모도 제법 있는 중견 교회의 담임이 되셨다. 그동안의 헌신에 대한 보상으로 볼 수도 있고 조금 누리며 사실 수도 있을 법한데 목사님은 그럴 생각이 없으셨다. 목사님을 뵈러 갔는데 자리에 앉자마자 국내 외국인 노동자들을 위한 사역계획을 한 보따리 풀어내셨다. 장애인을 비롯한 소외계층을 위한 사역들에 대한 청사진도 펼쳐 보이셨다. 빛나는 눈빛과 초롱초롱한 눈망울을 보고 있노라면 목사님의 목표가 무엇인지 바로 알 수 있었다. 목사님은 배부른 목사님들과는 다른 분이었다.

목사님은 하나님 나라를 꿈꾸는 분이셨다. 하나님 나라가 확장되는 일이라면 여전히 물불 가리지 않고 뛰어드셨다. 중견 교회의 담임은 그저 이 일을 함께할 많은 동역자들을 얻은 것 그 이상도 이하도 아닌 것처럼 보였다. 선교사님을 보며 한 가지 깨달은 것이 있었다. 몸은 필연적으로 쇠잔하지만 눈빛만큼은 쇠잔하지 않을 수 있음을 보았다. 하나님 나라를 꿈꾸는 초롱초롱한 그 눈이 부러웠다. 나도 그런 눈으로 평생 주 앞에 살길 소원했다.

바울은 서신서를 통해 자신의 낮아짐을 자랑했다. 자신을 통해 나타난 사역의 성과나 기적들을 자랑하지 않았다. 누구보다 많은 성령의 은사를 가졌음에도 심지어 죽은 이를 살린 일도 자랑하지 않았다. 삼층천을 다녀왔지만 그 흔한 천국간증조차 하지 않았다. 오직 자신의 낮아짐을 자랑스레 이야기했다. 바울에게 위대한 사역이나 이적이 아닌 낮아짐이 더 자랑스러웠다는 것은 그것이 더 어려웠다는 것이다. 높아짐보다 낮아짐이 그에겐 훨씬 더 어려운 일이었고, 고생스러운 일이었다. 그래서 그것을 더 자랑스레 이야기한 것이다. 누가 주목해 주지 않더라도 말이다.

예수님을 믿는다고 할 때 자주 사용되는 단어가 몸부림이다. 주님을 따르기 위해서 몸부림쳐야만 한다는 것이다. 세월이 흐르며 몸부림을 좀 덜해도 될 것 같았다. 몸부림이 아닌 익숙함에 순응할 때도 있다. 그러나 몸은 편해진 것 같은데 도통 예수 믿는 맛이 나지 않는다. 맛을 잃어버리고 만다. 나도 평생 몸부림치는 삶을 살고 싶다. 주 앞에 날마다 나를 낮추고 싶다. 그래서 나도 자랑하고 싶다. 어설픈 사역의 성과나 기적이 아닌 낮아짐을 자랑하고 싶다. 얼마나 낮아져야 바울처럼 자랑할 수 있을지 알 수 없지만 일평생을 주님 믿으며 그 맛을 꼭 한 번 보고 싶었다.

| 예수님이 처음부터 가르쳐 주신 전도의 길 |

요즘 세상에 밥을 굶거나 입을 옷이 없는 사람들이 어디 있냐는 소리가 들려올 때가 있다. 주변에 그런 사람들이 보이지 않으니 그런 말들을 하는 것 같다. 그런데 우리 주변에 당장 밥 지을 쌀이 없고, 입을 옷이 없는 사람들이 많이 있다. 문제는 보이지 않는다는 것이다. 그래서 체감을 못한 채 살아간다.

그 유명한 잔치의 비유에서 주인이 큰 잔치를 열고 종에게 사전에 초대받았던 사람들을 데려오라고 했다. 그런데 사람들은 땅을 사서, 소를 사서, 결혼을 해서 못 온다고 했다. 종이 돌아가 보고하자 화난 주인은 즉시 거리로 나가 가난한 자와 장애인을 데리고 오라고 했다. 주인의 명령대로 종이 나가서 사람들을 데리고 왔지만 자리가 남았다. 분명 거절한 사람은 세 명이었는데 자리가 남았다고 했다. 거절한 사람이 단지 세 사람이 아니었다는 것이다. 세 사람으로 상징되는 모든 사람들이 다 잔치에 오기를 "다 일치하게 사양" 했다는 것이다. 주인은 다시 종에게 나가 사람을 데려와 잔치를 채우라고 했다. 마치 오늘날 상황을 예견한 듯한 말씀으로 다가왔다.

오늘날 전도가 안 되는 이유는 내 주변만 보기 때문이다. 나와 비슷한 생활수준을 가진 사람들에게만 복음을 전하려 하기 때문이다. 밭이 있고 소가 있고 배우자가 있어 뭐 하나 부족할 것 없기에 잔치에 오지 않은 사람들처럼, 모든 것을 갖춘 사람들은 복음을 받아들이려 하지 않는다. 하나님 없이도 잘 산다고 믿기 때문이다. 복음이 귀에 들어오기가 어렵다. 그래서 아무리 전도해도 잘 되지 않는 것이다.

그런 우리에게 예수님은 모범을 보여 주셨다. 하나님 없이도 잘 산다고 믿는 사람들이 아니라 하나님 없으면 살 수 없는 자들, 마음이 지독히도 가난한 자들에게 복음을 전하라고 하셨다. 가난하고 장애가 있다고 할지라도 하나님 보시기에는 다 소중한 하나님의 자녀들이다. 하나님이 구분하지 않으셨는데 우리가 구분해서는 안 된다. 모두가 하나님의 자녀임에 틀림 없고 그 마음밭이 이미 희어져 추수할 때가 되었는데 내버려 두는 것만큼 불충한 일도 없을 것이다.

예수님 주변엔 늘 헐벗고 굶주린 자들이 많았다. 예수님의 소문을 듣고 사람들이 모이기도 했지만, 근본적으로는 예수님이 그들을 찾아다니셨기 때문이다. 예수님은 가난한 자들이 있는 곳으로 먼저 발걸음을 떼셨다. 우리를 위해 낮은 이 땅에 내려오신 주님은 작은 자들을 찾아 더 낮고 낮은 곳으로만 가셨다. 예수님은 지극히 작은 자 하나에게 한 것이 곧 내게 한 것이라고 말씀하셨다. 이때 병든 자들과 감옥에 갇힌 자들을 '찾아간 것'을 칭찬하셨다. 결국 지극히 작은 자를 찾아가는 것이 주님께 칭찬받는 일이요 우리의 의무인 것이었다.

안 보인다고 없는 게 아니다. 주변에 없다고 핑계할 수가 없는 것은 주님은 찾아가셨고, 기어이 찾아내셨기 때문이다. 다시 사람들을 교회에 데려오는 길은, 천국잔치에 초청할 수 있는 길을 주님은 처음부터 말씀하셨다. 가난한 자와 장애인으로 대변되는 지극히 작은 자들을 찾아가야만 한다. 그래야 비로소 교회는 이 땅의 소망으로 남아있을 것이다. 주님 오시는 그날에 잘했다 칭찬받을 것이다.

| 좁은 길을 걷는 이들의 고백 |

하나님을 위해 살기가 부담스러워질 때가 있다. 하나님이 내게 주신 구원의 은혜에 감사하여 가기 시작한 좁은 길이지만 이토록 좁을 줄은 상상조차 못했기 때문이다. 그래서 사람들은 좁은 길을 넓은 길로 늘리려 애를 쓴다. 좁은 길 끝에는 넓고 찬란한 길이 있다고 선전한다. 결국 우리의 종착지는 좁은 길이 아닌 넓은 길이라고 강조한다. 그 넓은 길을 가고 싶어서 많은 사람들이 들어섰다. 좁은 길을 잠시만 지나가면 곧 찬란한 대로가 비칠 것을 기대한 이들이 부지기수로 몰려들었다.

그 수가 적지만, 좁은 길을 고집하는 사람들이 있다. 믿지 않는 이들에게는 도저히 이해 못할 부류라고 손가락질 당한다. 믿는다고 하는 자들에게는 꼴통이란 소리를 듣는다. 그럼에도 그 길을 포기하지 않는다. 좁은 길에 부딪히고, 까여서 생긴 상처와 사람들로부터 받는 마음의 상처가 여전함에도 묵묵히 그 길을 걸어간다.

좁은 길을 가는 사람들에게 왜 굳이 고생길을 가느냐고 물어도 대답이 없다. 배고프지 않냐고, 아프지 않냐고, 가족들은 어떡하냐고 물어도 묵묵부답이다. 그저 슬며시 미소 짓고 목례하고는 가던 길을 계속 간다. 세상이 이해할 수 없는 사람들이다. 세상이 감당할 수 없는 사람들이다.

좁은 길로 가는 사람들은 자랑하지 않는다. 요구하는 것도 없다.

"저는 이미 모든 것을 넘치도록 받았어요. 갚을 길이 없어 그리스도의 고난을 제 몸에 채울 따름이에요."

"그렇게 힘든 곳으로 가셔서 어떡해요?"

"사명의 자리니까 괜찮아요. 힘들게 하는 사람이 있어도, 죽을 수 있는 자리일지라도 부르신 자리임을 확신하니까 괜찮아요."

진심어린 눈빛과 굳은 심지에 나오려는 눈물을 억지로 참으며 계속 들었다.

> "내가 괜찮은 자리가 아닌 하나님이 괜찮다 하신 자리가 괜찮은 자리
> 니까 전 괜찮아요."

그리고 마지막에 묵직한 한마디를 던지실 때, 나도 모르게 눈시울이 붉어졌다.

> "주께서 함께 가시니 갈 수 있습니다."

한 번 담임은 영원한 담임

남서울평촌교회 담임이셨던 강신욱 목사님이 어느 날 갑자기 사임을 발표하셨다. 모두 큰 충격을 받았다. 목사님이 갑자기 떠나신다는 것도 충격이었지만, 그만두셔야 할 이유가 없었기 때문이다. 젊은 시절 부교역자로 부임한 뒤, 성실함으로 30대 중반의 이른 나이에 담임이 되셨다. 그 어렵다던 건축을 시작부터 마칠 때까지 잘 감당하셨고, 교단과 지역사회에 명망이 높은 중형교회로서 순항을 하고 있었다. 그런 목사님이 하루아침에 교회에 사임을 발표하신 것이다.

목사님은 부산 사람으로 초중고를 부산에서 나와 목회를 위해 안양에 올라온 뒤, 30년 가까운 기간 동안 사역에 전념하느라 친구들을

만날 여유가 없으셨다. 그러다 고등학교 동창의 장례소식을 듣고 부산으로 조문을 가셨다. 그곳에서 친한 친구들을 30년 만에 만났는데 충격을 받으셨다. 예수님 믿는 사람이 단 한 명도 없었던 것이다. 목사님은 그간 자신이 무엇을 위해 달려왔는지 깊고 오랜 고민에 빠지셨다.

기도하던 목사님에게 하나님이 주시는 감동이 있었다. 목사님은 하나님의 뜻에 순종하기 위해 급작스레 담임을 사임하셨다. 모두가 그렇게 가고 싶어도 갈 수 없는 좋은 교회의 담임자리인데, 20년 가까운 시간 동안 부교역자와 담임목사로서 청춘을 바친 교회인데, 그 어렵다던 건축도 잘 감당하셨는데 모든 것을 다 버려두고 부산으로 떠나셨다. 담임목사를 시작하셨을 때처럼 기도응답을 받고 내려놓으셨다. 그저 고등학교 동창들을 살리겠다고 30년을 연락도 않고 지내던 그냥 남인데 그들 곁에 있으며 복음을 전하려 다 내던지셨다.

현재 목사님은 부산에서 친구 부부들을 만나며 복음을 전하고 계신다. 일주일에 한 번 시간을 정하여 기독교와 성경에 대해 가르치신다. 시간이 될 때마다 친구들을 만나 허심탄회한 이야기들을 나누며 삶으로 복음을 보여 주고 계신다. 주일 오후에는 교회예배당을 하나 빌려서 예배를 드리기 시작하셨다. 친구들이 차츰 예수님과 교회생활에 대하여 적응하고 있다고 한다.

한 번 해병은 영원한 해병이듯, 한 번 담임은 영원한 담임인가 보다. 담임목사님께 사역 보고가 아닌 삶 보고를 하러 부산에 내려갔다. 친구들과의 모임을 시작하신 지 얼마 안 되어서 바쁘실 텐데 귀한 시간을 내주셨다. 편히 쉬라고 해운대 앞에 호텔도 잡아주셨다. 늦은 저녁 부산에 도착하여 여독을 풀고, 이튿날 목사님을 뵈었다.

해운대 저 멀리서 목사님이 걸어오시는 게 보였다. 그런데 뭔가 좀 달라 보이셨다. 너무도 밝게 활짝 웃고 계셨다. 천진난만한 미소를 지으며 내게 다가오셨는데, 그 미소가 참으로 아름다웠다. 사임하고 나서 고정수입도 끊기고, 여러 가지로 걱정이 많으실 텐데 목사님은 웃고 계셨다. 이전에 보지 못했던 크고 호탕한 웃음소리도 들려주셨다. 그랬다. 목사님은 숨을 쉬고 계셨다.

목사님이 계셔서 참 감사하다. 내가 가야 할 길을 보여 주신 목사님이 계셔서 든든하다. 가진 것이 없어도 하나님을 가진 자의 모습을 내게 보여 주셨다. 사람을 따라가지 않고, 상황을 따라가지 않으며 사명따라 가는 목사님이 내 담임이신 게 자랑스러웠다. 지금 주어진 사역에 충성하다 언제든 어디든 가라시면 가기를 원하는 내가 됨에 감사했다. 그 길이 얼마나 기쁜 길인지, 영광스러운 길인지 보여 주셨으니 두려움이 없다. 그날이 속히 오기를 기대하며 두근대는 마음으로 담대히 나아갈 따름이다.

높은 데로 가기는 어렵다. 가려는 사람이 많고, 자리는 한정되어 있기 때문이다. 그러나 낮은 데로 가기는 쉽다. 누구든 갈 수 있다. 원하기만 하면 언제든 갈 수 있다. 부디 한국 교회의 목사님들이 낮은 데로 나아가기를 소원한다. 그간 높은 데로 가느라 많은 동료들을 잃었지만, 이제는 모두 다 같이 낮은 데로 나아감으로 거기서 모두 만날 날을 소망한다. 낮고, 더 낮은 곳에서 해후할 그날을 기대한다. 거기서 수고했노라고 서로를 격려할 날이 오리라 믿는다.

우리보다 먼저 가서 기다리신 주님이 우리를 맞아 주실 것이다. 잘했다고 칭찬해 주실 것이다. 우리 눈의 '모든' 눈물을 씻기시고 안아 주실 것이다. 그날 주님과 우리 모두 함께 얼싸안고 기뻐하리라. 주위엔 우리가 평생을 사랑으로 품은 사람들이 함께하리라. 풍성한 천국 잔치에서 모두 다같이 만나리라.

블루노트_탕자의 비유

유명한 탕자의 비유에서 작은 아들이 아버지에게 가서 자기에게 돌아올 유산을 먼저 달라고 요구했다. 아버지는 유산을 아들에게 주었고, 아들은 아버지가 없는 곳으로 떠나 그곳에서 허랑방탕하게 살다가 쫄딱 망했다. 거지가 되어 버린 자신의 삶을 뉘우치고 아버지에게 돌아가기로 결심했다. 나 같은 건 아들의 자격이 없으니 아버지의 종이 되어서라도 살겠다며 고향으로 되돌아갔다.

아들이 고향의 초입에 들어서려는데, 별안간 누군가 달려와서는 자신을 꽉 끌어안았다. 놀라서 보니 아버지였다. 펑펑 우는 아버지는 아들을 껴안고 입을 맞추고, 종들을 시켜 손에 가락지를 끼우고, 발에 신을 신겼다. 가장 좋은 옷을 내어다 입혀 주고, 마을 잔치를 열 테니 사람들을 다 불러 모으라 했다.

아들이 돌아오자 종들이 바빠지기 시작했다. 일단 힐레벌떡 뛰어가는 주인을 뒤따라 뛰기 시작했다. 늦게 도착하니 주인이 아들을 안고 펑펑 울고 있었다. 어찌할지 모르는데 느닷없이 주인이 종들에게 아들을 챙기라며 명령을 내리기 시작했다. 종들이 더 바빠졌다. 빨리 집에 뛰어가서 가장 좋은 옷을 찾았다. 옷을 구해서 다시 뛰어와서는 아들에게 입혔다. 또 다른 종들은 손에 낄 가락지를 찾고, 신발을 찾으러 분주히 뛰어다녔다. 주인의 명령대로 모든 것들을 챙겨 온 종들은 아들에게 입히고, 끼우고, 신겨 주었다. 주인이 맡긴 모든 일에 순종하였다.

주인의 명령은 거기서 그치지 않았다. 느닷없이 살진 송아지를 끌어다 잡으라 했다. 지금 주인이 마을 잔치를 열자는 것이었다. 덕분에 평소 먹을 수 없던 소고기를 실컷 먹게 생겼다. 잔치라니, 기분이 좋을 수밖에 없었을 것이다. 그런데 아직 그들은 즐거워하지 않았다. 충분히 기뻐할 수 있는 일인데 그들은 내색하지 않았다.

종들의 즐거움은 자신의 일을 완수함에도, 좋은 일이 생기는 것에도 있지 않았다. 종들의 즐거움은 오롯이 주인의 즐거움에 종속되어 있었다. 주인의 즐거움을 곧 자기의 즐거움으로 삼았다. 주인이 "내 아들은 죽었다가 다시 살아났으며 내가 잃었다가 다시 얻었노라"(눅 15:24)라고 말할 때 종들은 즐거워했다. 주인이 잃어버린 아들을 다시 찾았다는 말을 마치자 종들이 즐거워한 것이다. 주인이 기뻐하는 모습을 보며 함께 기뻐했다. 주인이 기뻐하는 모습이 좋아서 덩달아 함께 즐거워한 것이다.

종들은 하나님의 종인 우리에게 우리가 누려야 할 궁극적인 즐거움이 어디에 있는지 알려 주었다. 우리가 누려야 할 궁극적인 즐거움은 하나님의 즐거움이다. 하나님의 즐거움이 우리의 궁극적인 즐거움의 원천이다. 길을 잃어버렸던 한 영혼이, 죽었던 한 영혼이 다시 살아나는 것을 가장 기뻐하시는 주님의 마음이 곧 내 마음이 되어 기뻐한다. 때문에 이 기쁨은 누구도 빼앗아 갈 수 없다. 하나님의 기쁨을 방해할 것은 이 세상 그 어디에도 없기 때문이다. 하나님의 기쁨을 빼앗아 갈 이가 아무도 없기 때문이다. 이 기쁨은 어떤 부작용도 없다. 공허함도 초조함도 없다. 온전하고 무한하고 영원한 기쁨이다.

종들은 주인과 함께 기뻐했다. 그런데 과연 그게 쉬운 것이었을까? 주인과 함께 기뻐한다는 것, 하나님과 함께 기뻐한다는 것은 결코 쉬운 일이 아니었다. 아들이 돌아와 기뻐하는 주인을 보며 종들이 함께 즐거워한 것은 결코 쉬운 일이 아니었다. 종들의 입장에선 망나니같은 아들이 좋을 리가 없었다. 아들이 어떤 사람이었는지 떠올려보면 답이 바로 나온다.

아버지가 두 눈 시퍼렇게 뜨고 살아 있는데 유산을 상속해달라고 한 사람이었다. 아버지랑 같이 살기 싫다고 유산을 받아서 멀리 떠난 사람이다. 아버지한테도 막무가내였던 사람이니 종들에겐 과연 어떻게 했을지 안 봐도 비디오다. 하대하고 무시하는 건 기본이고, 때리지나 않으면 다행이었을 것이다. 집안을 뒤흔들어 놓고 사랑하는 주인의 속을 새까맣게 태운 놈을 종들이 좋아할리 만무했다. 나를 무시하는 것도 참기 힘들지만, 사랑하는 주인에게 큰 상처를 안겨 준 아들을 결코 좋게 봤을 리가 없었을 것이다.

그럼에도 종들은 기뻐했다. 오랜 세월 아들이 돌아오기를 바라며 애타게 기다린 주인의 마음을 알았기 때문이다. 아들이 떠난 날부터 혹여나 돌아올까 하여 하루도 빠지지 않고 동네의 높은 곳에 올라가 아들이 떠나간 길을 우두커니 서서 바라보는 주인의 모습을 보았기 때문이다. 주인의 마음을 누구보다 잘 알기에 함께 기뻐할 수 있었다.

내 주변에 하나님 속을 부단히 썩이는 사람들이 있다. 그런데 문제는 파편이 나한테까지 튄다는 것이다. 신앙생활 잘하는 사람치고 다른 사람한테 쉽게 상처 주는 사람 못 봤다. 하나님 속 썩이는 사람들이 사람들 속을 뒤집어 놓는다. 속이 부글부글 끓다가도 그를 바라보시는 주님의 마음이 느껴진다. 도저히 돌아올 가망이 없는 사람인데, 내 손에 장을 지질 자신도 있는데 그가 돌아올 때 기뻐하지 못하면 어쩌나 싶다. 별 수 있나, 기뻐할 준비를 해야지. 기도해 줘야지.

거지꼴을 한 아들, 아직도 거리가 먼데 아버지는 어떻게 아들을 단번에 알아봤을까? 눈도 흐릿했을 노인이 처참한 몰골의 아들을 어찌 알아보고 달려왔을까? 자식이기 때문이다. 자식이기에 단번에 알아본 것이다. 남루해지다 못해 거지꼴을 하고 있어도, 눈이 흐릿해도 마음으로 알아본 것이다. 더러워도 상관없다. 냄새 나도 상관없다. 아들이니 꽉 끌어안고 입을 맞춘다.

이것이 하나님 아버지의 마음이다. 나를 살리시려고 저 높은 하늘에서 이 땅으로 달려오셨다. 하나님을 떠난 우리, 죄가 덕지덕지 붙어있어 파리한 모습이라 할지라도 단번에 알아보신다. 오물보다 더한 영혼의 악취를 풍긴다 할지라도 상관없다시며 안아 주신다. 내 새끼라고 하신다. 그 사랑이 나를 살게 한다.

04
네 번째 작은 자

노숙인

네 번째 작은 자 : 노숙인

| 하나님과 나만 아는 이야기 |

게임을 그만두고 검정고시를 통과해 수능을 준비할 때였다. 학원에 다닐 형편이 되지 않아 독학으로 준비하는 게 쉽지 않았다. 공부 자체도 어려웠지만 그보다 혼자인 것이 더 고된 일이었다. 그래서 공부하다가 혼자 1시간씩 산책을 했다. 하나님께 이런저런 넋두리를 하며 걷다 보면 외로움이 덜해지곤 했다.

하루는 산책을 하다 집으로 돌아오는 길이었다. 집앞 철도길 옆에 웬 사람이 쓰러져 있었다. 깜짝 놀라 급히 가서 일으키니 조금 이상했다. 아픈 것 같지는 않은데 행색이 너무 초라했고, 술냄새도 났다. 당시에 춘천엔 노숙인이 없었기에 그냥 형편이 어려운 분이라고만 생각했다. 식사도 하지 못했는지 피골이 상접했다. 주머니에 있는 얼마 안 되는 돈을 드리고는 돌아왔다.

집에 돌아와 어머니한테 길에 쓰러진 사람을 도와준 이야기를 했다. 한참을 듣던 어머니가 이야기가 끝나니 조용히 말씀하셨다.

"아들아, 잘했다. 너무 잘했는데 누군가를 도와준 이야기는 다른 사람한테 하는 거 아니야. 그냥 하나님과 너만 알고 있으면 돼. 그래야 하나님이 영광을 받으셔."

어머니의 말에 충격을 받았다. 무엇보다 어머니가 그런 이야기를 하셔서 놀랐다. 교회를 그렇게 잘 다니지 않으셨는데, 더군다나 한동안 교회에도 안 나가신 어머니의 입에서 그토록 귀한 말씀이 나와서 놀랐다. 어머니의 조언이 따끔하기는 했지만 그날 이후로 마음에 새기고 살았다. 오른손이 하는 일을 왼손이 모르게 하려 부단히도 노력했다. 어머니 말씀대로 사니 참 좋았다. 하나님과 나만 아는 이야기들을 하나둘 쌓아가는 소소한 기쁨을 누리기 시작했다. 하늘의 상급을 쌓으며 살기 시작했다.

"저들을 위해 살아라"

수능을 치르고 신학교에 입학했다. 얼마나 기뻤는지 모른다. 입학하자마자 처음 한 일은 오리엔테이션에 참여한 것이다. 2박 3일의 오리엔테이션을 통해 많은 동기들과 선배들을 알게 되었다. 좋은 사람들을 많이 만났고, 내가 대학생이 되어 친구들과 왁자지껄 이야기하며 시간을 보낸다는 것이 꿈만 같았다.

오리엔테이션을 마치고 집에 가려고 청량리역으로 향했다. 버스에서 내려 역사로 내려가려는데, 길에 웬 남자가 쓰러져 있었다. 그런데 이상한 건 수많은 사람이 길을 오가는데 한 사람도 쓰러진 남자를 주목하거나 일으키지 않는다는 것이었다. 아무렇지도 않은듯이 빠르게 지나칠 뿐이다. 얼른 가서 일으켜 보니 술냄새와 역한 냄새가 코를 찔렀다. 무슨 말을 시켜도 알아듣질 못하고 횡성수설만 하니 어찌할 바를 몰랐다.

경찰에 전화를 해서 길에 사람이 쓰러져 있다고 제보했다. 바로 앞이 경찰서라 금방 경찰이 왔다. 경찰에게 전후사정을 설명하는데 뭔가 이상했다. 당연히 도와줄 거라 생각한 경찰이 아무것도 하지 않고 언짢은 표정으로 우두커니 서 있는 것이었다. 후에야 알게 되었지만 수많은 노숙인이 술을 먹고 길에서 자거나 주정을 하는데 경찰이 해 줄 수 있는 것이 없었다. 그럴 수밖에 없는 상황인지도 모른 나는 경찰이 도움을 줄 수 있다고 생각했으니 경찰도 오죽 답답했으랴 싶다.

경찰에게 뭐라 더 말해봤자 들어주지도 않을 것 같았다. 주머니에 있는 얼마 안 되는 돈을 노숙인의 손에 쥐여 주고 뒤돌아서는데 마음이 아팠다. 이렇게 뒤돌아서는 게 맞나 싶었다. 조금 걷다 뒤돌아서 보니 팔짱을 낀 채 한숨을 쉬는 경찰과 바닥에 앉아 고개를 푹 숙인 노숙인이 보였다. 그리고 그 순간 하나님이 내 마음을 울리는 감동을 주셨다.

"저들을 위해 살아라."

주님이 주시는 감동에 마음이 먹먹해졌다. 당장 경찰도 도와주지 못하는 사람을 도우라고 하시는데도 신기하게 마음에 부담이 없었다. 그저 "네"라고 대답했다. 어떻게 해야 할지, 무엇을 할 수 있을지 모르지만 그래야만 할 것 같아 대답했다. 무엇보다 괜히 그러고 싶었다. 내가 그렇게 살고 싶었다.

| **사랑은 오래 참고** |

매주 청량리역에서 구걸을 하던 노숙인이 있었다. 오가며 돈과 간식을 몇 번 쥐여 드렸지만 늘 마음이 불편했다. 하루는 날을 잡아 먹을 것과 돈을 쥐여드리며 말했다.

"괜찮으시면 기도를 좀 해 드려도 될까요?"

노숙인이 고개를 끄덕이자 나는 손을 잡고 기도하기 시작했다. 긴 시간은 아니었지만, 마음을 다해 간절히 기도했다. 기도를 마칠 때 그의 입에서 "아멘"이라는 말이 나오기도 했다. 집으로 가는 발걸음이 그렇게 기쁘고 가벼울 수 없었다. 하나님이 무언가 노숙인에게 큰 일을 행하시리란 기대가 있었다.

다음 주에 다시 청량리역에 왔는데 큰 충격을 받았다. 지난 주에 내가 간절한 마음으로 기도하고 나의 것을 다 내어 준 그 사람이 같은 자리에서 같은 모습으로 구걸을 하고 있는 것이었다. 분명히 무언가 그의 삶에 변화가 일어날 것이라는 기대와 마음에 강한 감동이 있었는데 한순간에 모든 게 무너지는 것 같았다.

그날의 일로 난 한 가지를 깨달았다. 복음을 전한다는 것은, 더 나아가 복음으로 한 사람을 변화시킨다는 것은 결코 낭만적이지도 이상주의적이지도 않다는 것이다. 스쳐 지나가는 인연으로 잠시 전하는 사랑과 복음전도가 한 사람의 삶을 모두 바꾸리라 기대하는 것은 무모할 수도 있겠다 싶었다.

바울은 사랑이 무엇인지 말하면서 제일 먼저 "오래 참는 것"이라고 했다. 오래 참음이 사랑을 열매 맺게 한다. 당장 내가 준 사랑에 반응하지 않는다 할지라도, 더디다고 할지라도 오래 참으며 사랑한다면 반드시 열매를 맺는다. 잠깐의 선행에 만족하지 말고 오랫동안 사랑하고 섬길 때 복음의 능력이 나타난다.

"교회 가면 사람들이 싫어해서 못 가요"

신학교에서 매주 금요일마다 몇몇 학우들과 철야기도를 하러 삼각산에 올라갔다. 살을 에는 칼바람이 불던 늦은 밤, 평창동 정류장에서 내려 산으로 올라가는데 길에 한 사람이 쓰러져 있었다. 무슨 일인가 하여 급히 달려가 상태를 살폈다. 몇 번을 흔들어 깨우니 그제야 눈을 떴다. 다행히 큰 이상은 없는 듯 보였다.

댁에 모셔다 드리려고 집이 어디인지 물었다. 한동안 주저하던 아저씨는 조심스레 도로 건너편 산에 있는 움막을 가리켰다. 그제야 그분이 노숙하는 것을 알았다. 여기서 이러고 계시면 안 된다 말씀드리려고 움막이 있는 산 바로 아래에 있는 한 교회를 가리키며 말했다.

"아저씨, 이렇게 추울 때 밖에서 주무시면 큰일나요. 교회에 가시면 도움을 받을 수 있으니까 교회로 가셔야 해요."

내 말에 한동안 말을 잇지 못하던 아저씨가 힘겹게 답을 했다.

"교회 가면 사람들이 싫어해서…못 가요…."

그 말을 듣는데 정신이 멍했다. 누군가 큰 망치로 내 뒤통수를 후려치는 것 같았다. 어떻게 교회가 그럴 수 있나 싶었다. 교회 바로 위에 있는 동산에 노숙인이 있는데 돕기는커녕 교회에 오는 노숙인을 싫어하다니 도무지 이해할 수가 없었다. 지극히 작은 자를 우리에게 맡기신 주님의 당부를 외면하는 교회의 냉혹한 현실이 너무 부끄러워 아무 말도 할 수 없었다. 한숨만 나올 뿐이었다. 나도, 아저씨도 한동안 말없이 찬 바닥만 바라보고 있었다. 그저 아저씨를 잡은 손만 꼭 움켜쥐고 있을 따름이었다.

가난한 신학생이라 가진 것이 많지 않았지만 지갑에 있는 것을 다 아저씨에게 드렸다. 그러곤 아저씨에게 기도해 드려도 되냐고 여쭤봤다. 아저씨는 그저 고개를 끄덕이셨다. 메이는 목으로 겨우 입을 열어 기도했다. 무슨 기도를 했는지 하나도 기억이 나지 않지만, 간절한 마음으로 기도했던 것만은 기억난다.

기도를 마치고 눈을 뜨니 아저씨는 눈물을 흘리고 있었다. 그 모습에 얼마나 죄송하고 죄스럽던지 미칠 것 같았다. 친구들과 기도를 하러 가야 했기에 잡은 손을 놓고 산으로 올라갔다. 그날만큼은 밤새 아저씨를 위해 눈물로 기도했다. 하나님께서 아저씨를 지켜 주시길, 더불어 노숙인을 받아들이지 못하는 한국 교회가 변화되길 간절히 기도했다. 훗날 내가 꼭 노숙인 같이 소외된 사람이라면 누구든 올 수 있는 울타리가 없는 교회를 이루길 간구했다.

| 신학생들이 노는 법 |

신학생도 매해 학과 MT를 가는데 갈 때마다 모두가 다짐을 하는 것이 있다. 제발 MT가서 놀아보자고, 기도 좀 적게 하자고 다짐한다. 이전 MT에서 4시간 기도하고 제대로 놀지 못했으니 이번엔 1시간 기도하고 놀자고 다짐을 한다.

그러나 매번 다짐은 지켜지지 않았다. 누군가 기도불을 붙이면 그냥 3-4시간 달렸다. 제발 놀자 그랬는데 이번에도 성령충만 받아서 서로 끌어안고 축복해 주고 하다 보면 잘 시간이다. 놀지 못해도 다들 만족스런 얼굴이다.

자정이 넘어서 잘 사람은 자고, 남자들은 작은 공으로 실내에서 축구를 했다. 앉아서 구경하다 기회를 보던 나는 축구공을 손으로 낚아채 들고튀었다. 잡히지 않으려고 도망치는 나, 잡겠다고 뛰어오는 십여 명의 동기들 모두 해맑게 웃고 있었다. 잡힌 나를 밟는 동기들은 물론, 맞는 나도 재미있다고 웃었다. 다시 동기들이 축구하고 있으면 난 다시 공을 들고 뛰다가 잡혀서 밟히기를 반복했다. 때린 사람도 맞는 사람도 어쩜 그리 해맑았는지 모른다.

새벽 4시가 넘어 대부분이 자고 있을 때, 콜사(콜라와 사이다)를 과음해 취기가 오른 동기들 몇이 모인다. 가운데 촛불을 켜 놓고 진실게임을 시작한다. 우리도 좀 세속적으로 놀아보자는 굳은 다짐과 함께 동기 한 명이 포문을 연다.

"너 하루에 기도 몇 시간 해?"

결국 진실게임도 망했다. 그렇게 다 포기하고 잠들려는 찰나, 갑자기 불이 켜진다. 새벽예배 하자고 일어난 동기들이 찬양을 시작한다. 예배를 드리고 짐 정리하고 집에 갈 준비를 한다. 그렇게 우리의 거룩한 MT는 막을 내렸다.

하나님이 입혀 주신 가죽옷

여느 때처럼 삼각산에 금요철야기도를 하기 위해 모였다. 늦은 저녁에 금정역에 모여서 다 같이 지하철을 타고 삼각산까지 이동했다. 한 선배와 같이 기도회에 가려고 금정역에 도착해 역사를 올라가는데, 노숙인 아저씨가 구걸을 하고 있었다. 한겨울인데 얇은 점퍼 하나만 걸치고 벌벌 떨고 있었다. 너무 추운 날이었기에 두꺼운 점퍼를 입고도 떨렸는데 아저씨는 오죽했으랴.

아저씨에게 다가가 얼마 안 되는 돈을 쥐여드리며 차가운 손을 꼬옥 잡아드렸다. 입고 있던 겨울점퍼를 벗어서 몸에 걸쳐드렸다. 너무 추운 날인데 점퍼를 벗어 주니 아저씨가 짐짓 놀란 눈치였다. 나는 괜찮다는 얼굴로 아저씨를 바라보며 "아저씨, 꼭 예수님 믿으세요"라고 말씀드리고 역사로 올라갔다.

집으로 가는 길도 아니고 이제 밤새 기도를 하러 삼각산기도원에 올라가야 했다. 무슨 생각으로 점퍼를 벗어줬나 싶기도 했지만 괜찮았다. 오히려 마음이 참 뿌듯했다. 신기한 건, 하나도 안 추웠다는 것이다. 두꺼운 점퍼를 껴입어도 추운 날씨였는데 라운드티 하나 걸친 나는 하나도 안 추웠다. 오히려 따뜻했다. 마음만큼 몸도 참 따뜻했다. 마치 아담과 하와에게 가죽옷을 지어 입혀 주셨던 것처럼,

하나님이 내게 가죽옷을 입혀 주신 것 같았다. 그날은 여느 때보다 따뜻하게 밤새 기도할 수 있었다.

노숙인을 위해 내가 가진 걸 나눌 때면, 마음이 그렇게 좋을 수 없었다. 하나님께서 기뻐하시는 일을 했다는 마음의 확신과 하나님께서 그런 나를 기뻐하신다는 것이 확실히 믿어졌다. 나를 흐뭇하게 바라보시는 하나님의 눈길이 느껴졌다. 신앙생활을 하면서 내가 하는 그 어떤 일보다 하나님의 기뻐하심이 마음에 선명하니 뭐라도 나누지 않을 수 없었다. 아까운 마음도 전혀 없었다. 오히려 더 나누지 못해 아쉬울 따름이었다.

노숙인의 손을 잡고 기도라도 하는 날에는 하루 종일 손을 씻지 않았다. 물론 어쩔 수 없는 상황에서는 씻었지만, 의식적으로 씻지 않았다. 혹 내가 더럽다고 느껴서 손을 씻을까 봐 굳이 씻지 않았다. 그리고 그 온기를 간직하고 싶었다. 어떤 날은 그 손의 감촉이 그리워 무작정 서울역에 가는 날도 있었다. 부교역자 생활을 하며 맡은 부서일에 치이다 보니 정작 내가 부름 받은 노숙인들을 만나기 어려워 사역을 마치고 무작정 역으로 가기도 했다. 휴가 때는 동대문에서 노숙인 사역을 하는 등대교회에 가서 주일예배를 드리기도 했다.

그저 은혜라고 밖에는 설명이 되지 않았다. 부모님의 알코올중독으로 죽을 고생을 했기에 술 취한 사람이라면 학을 뗄 정도로 싫은 내가 노숙인에게 먼저 다가가는 것은 은혜 외에는 설명이 되지 않는다. 내게 은혜를 베푸시고, 하나님의 마음을 내 마음이 되게 하셨다. 하나님의 긍휼을 내 마음에 심으셨다. 그래서 그렇게 불쌍해 보였나 보다. 보면 손이라도 잡아 주고 싶어서 전전긍긍했나 보다. 공허한 눈을 보면 와락 안아 주고 싶었나 보다. 그래서 간절히 기도했다. 주님 마음을 내 마음 되게 해 달라고, 주님처럼 거침없이 안아 주게 해 달라고 기도했다. 부디 내 평생의 삶이 주님의 긍휼로 작동되는 삶이길 간절히 바랐다.

| 성령충만의 가장 확실한 증거 |

길을 걷다 혼잣말을 중얼거리는 할머님을 보았다. 헝클어진 머리와 초점 잃은 눈, 노숙인이었다. 계속 횡설수설하는 모습에 이미 정신분열이 온 것을 알 수 있었다. 다른 사람에게 아무리 이야기를 해도, 큰 소리를 쳐도 누구 하나 반응해 주지 않았다. 혼자만의 세계에 빠져 알아듣지 못할 말만 반복하고 계셨다.

할머님도 태어나셨을 때는 누군가에게 큰 기쁨과 감사였을 것이다.

부모님의 품에 안겨 세상 가장 사랑스러운 눈으로 바라봤을 소중한 존재였을 것이다. 세상에서 가장 아름다웠을 한 사람이었을 할머니를 무엇이 저렇게 외롭게 만든 것일까? 누군가에게 안겨 있었던 소중한 존재가 홀로 버려져 있었다.

누구도 안아 줄 수 없었기에 나라도 안아줬어야 했는데 그냥 지나치고 말았다. 분명 마음은 애가 타는데, 혀를 몇 십 번을 찼는데 다가서지 못했다. 내 안에 긍휼이 없었다. 사랑이 없었다. 내 힘으로는, 알량한 자존심으로는 아무것도 할 수 없었다. 그때의 일로 한 가지 깨달았다. 긍휼은 주님의 마음이라는 것이다. 내가 따라할 수도 생산해낼 수도 없다. 불쌍해서 혀를 차는 데 그치지 않는다. 와락 안아 주지 않고는 견딜 수 없다. 긍휼은 주님의 마음이 내 마음이 되는 순간이다.

집에 돌아와 내 안에 사랑 없음에 절망했다. 말씀을 묵상하는데 늘 보던 말씀이 새롭게 다가왔다. 유레카와 같은 말씀을 깨닫는 기쁨이 임했다. 오순절에 성령이 임하고 난 뒤 성령충만한 베드로와 요한이 성전에 기도하러 올라갔다. 성전 미문에는 평생 걷지 못한 채 앉아서 구걸을 하는 장애인이 있었다. 장애인이 평소처럼 지나가는 사람들에게 구걸을 하고 있었다. 그들 중에는 베드로와 요한이 있었다. 그런데 놀라운 것은 베드로와 요한이 그 장애인을 주목해서 보았다는 것이다. 늘 보던 장애인이었는데, 늘 지나치던 장애인이었는데 그날만큼은 베드로와 요한이 그냥 지나치지 않았다. 예수님의 이름으로 그의 손을 잡아 일으켰다.

평생을 그냥 지나치던 장애인이었는데, 유독 그날 베드로와 요한이 그냥 지나치지 않았던 것은 성령충만했기 때문이다. 그 마음에 성령님이 충만히 계셨기에, 하나님의 마음이 되었기에 지나칠 수 없었다. 성령충만의 증거는 방언이 될 수도 있지만 꼭 그렇지도 않다. 성령충만하지 않아도 방언하는 사람이 수두룩하다. 오히려 방언을 하는 입으로 욕을 하고, 불법을 저지르고, 사람을 난도질하는 사람들이 적지 않다.

성령충만의 보다 강력하고 확실한 증거는 바로 '긍휼'이었다. 불쌍히 여기는 마음이다. 성령충만은 성령님으로 내 마음이 충만한 것이다. 하나님의 마음이 내 마음이 되는 것이다. 때문에 하나님이 불쌍히 여기는 사람을 그냥 지나칠 수 없다. 불쌍하다고 혀를 몇 번 차고 그만둘 수 없다. 공허한 눈을 가진 자들을 보면 안아 주고 싶어서 안달이 난다. 뭐 하나라도 더 주고 싶다. 성령충만할 때, 비로소 우리는 지극히 작은 자에게 나아갈 수 있다. 예수님처럼 심령이 가난한 자를 찾아 길을 나설 수 있다.

그동안 우리는 능력받기 위해, 성공하기 위해 성령충만을 간구했는지도 모른다. 그러나 이제는 낮은 데로 나아가기 위해, 지극히 작은 자들의 손을 잡아 주기 위해 기도할 때이다. 심령이 가난한 자들의 마음에 예수님을 심어 주기 위해 날마다 성령충만을 간구해야 한다. 다가갈 수 없는 자에게 다가가기 위해, 사랑할 수 없는 자를 사랑하기 위해, 도저히 안아 줄 수 없는 자들을 안아 주기 위해 성령충만을 간구해야 한다. 우리 안에 넘치는 성령님의 사랑을 이웃에게 흘려보내야만 한다. 성령충만의 증거는 바로 긍휼이었다.

누구든 태어난 순간 부모로부터 극진한 환대와 사랑을 받는다. 노숙인도 부모의 품에 안겨 세상에서 가장 따뜻한 사랑을 받았을 것이다. 거리를 배회하는 생기 없는 눈빛을 한 사람을 보면 와락 안아 주고 싶다. 내 품이 하나님이나 부모 같진 않을지라도 꼭 안아 주고 싶다. 그리고 언젠가 주님이 부르시는 그날에 그들이 하나님의 품에 폭 안겨 영원한 환대에 머물길 소원한다.

| 뒤통수 맞은 날 |

교회에 주일예배 찬양 인도를 위해 매주 토요일이면 찬양대가 모여서 연습을 했다. 여느 때처럼 연습하는데, 문이 열리더니 낯선 사람이 들어와 앉았다. 처음 보는 중년의 남성으로 행색을 보니 노숙하시는 분처럼 보였다. 다른 사람들은 어찌할 바를 몰라 했다. 웬 노숙자가 들어왔냐며 얼굴을 붉히기도 했다. 난 잠깐 연습을 중단하고 아저씨에게 다가갔다.

"안녕하세요, 어떻게 오셨는지 여쭤봐도 될까요?"

"네, 그냥... 뭐 그냥... 그냥 왔습니다."

선뜻 대답을 못하시기에 다른 질문을 했다.

"식사는 하셨어요?"

"……"

찬양대에 양해를 구하고 먼저 나왔다. 아저씨와 교회 근처 식당에 가서 저녁을 먹었다. 식사를 하며 아저씨의 삶을 들을 수 있었다. 큰 사업을 하다가 도박과 마약으로 망하고, 교도소에 다녀와 가족과 뿔뿔이 흩어진 이야기를 들려주셨다. 오갈 데가 없어 여기저기 전전하다 어쩌다 보니 춘천까지 내려오셨다고 한다. 아저씨와 저녁을 먹고 교회 간사님에게 돈을 좀 빌렸다. 빌린 돈을 아저씨 손에 쥐여 드렸다.

"아저씨, 오늘 밤에 잠은 주무셔야 하니까 여관에서 따뜻하게 주무세요. 그리고 이건 제 연락처니까 어려운 일 있으면 언제든 연락하세요."

그렇게 아저씨를 보내드리고 집으로 돌아오는 길에 참 감사했다. 최선을 다해 섬길 수 있음에 감사했고 오랜만에 편한 마음으로 잠자리에 들었다.

얼마나 잤을까, 별로 잔 것 같지 않은데 전화벨이 울렸다. 새벽 1시에 모르는 번호로 전화가 왔다. 전화를 받으니 웬 여자가 까칠한 목소리로 말했다.

"여기 술집인데요, 아저씨가 술을 먹었는데 돈이 모자라요. 아저씨가 여기 연락하면 된다며 연락처를 줘서 연락드리는 거예요."

그 말을 듣는데 심장이 쿵하고 내려앉는 것 같았다. 황급히 전화를 끊고 전원을 꺼 버렸다. 너무 당황하고 화도 나는데 어찌할 바를 몰랐다. 술값이 얼마나 나온지 몰랐어도 낼 돈도 없었지만 내고 싶지도 않았다. 그렇게 뜬 눈으로 밤을 지새웠다.

다음 날 주일예배를 드리러 교회에 오니 난리가 났다. 어제 왔던 노숙자가 방금 전까지 교회에서 행패를 부리고 갔다는 것이다. 나를 찾으며 난동을 부렸다고 한다. 그 일도 마음이 아팠지만 더욱 마음이 아픈 건 사람들의 따가운 눈총이었다. 왜 노숙자를 교회에 끌어들이고 도와줘서 이 사단을 냈느냐는 볼멘소리들이 내 마음을 무너뜨렸다.

그 순간 난 알 것 같았다. 왜 사람들이 교회에 노숙인을 들이지 않는지를 말이다. 누구도 감당할 수 없기에, 책임질 수 없기에 그랬다는 것을 알았다. 아무리 목회자가 좋은 마음으로 노숙인을 돕고, 교회 공동체 안으로 들여오고 싶어도 기존 성도들이 준비되지 않으면 안 되는 것이었다. 기존 성도들의 편견이 해소되기까지는 아무리 좋은 의도를 가지고 있어도 울리는 꽹과리에 지나지 않음을 절실히 깨닫는 순간이었다.

| 교도소에서 온 편지 |

노숙인에게 상처를 입은 후 며칠 동안 힘든 시간을 보냈다. 지금까지 내가 추구했던 모든 것들이 부질없는 것 같았다. 답답한 마음에 터덜터덜 거리를 걷는데 누군가 나를 불렀다. 돌아보니 그 노숙인이었다. 다시 보면 화가 날 거라고 생각했는데 막상 아저씨의 얼굴을 보니 측은한 마음이 들었다. 아저씨가 내게 다가와 따지듯이 물었다.

"왜 그때 연락 안 받았어요? 내가 얼마나 곤란했는지 알아요?"

"많이 곤란하셨겠어요. 죄송해요."

나의 죄송하단 말에 아저씨가 흠칫 놀랐다. 뭐라 말도 못하고 있는 아저씨에게 연신 죄송하다고 이야기했다. 아저씨도 딱히 할 말이 없는지 가만히 계셨다. 그리고 그렇게 아저씨와 헤어졌다.

몇 달 뒤, 학교를 가기 위해 남춘천역에 기차를 타러 갔다. 역사에 들어서는데 낯익은 얼굴이 보였다. 바로 그 아저씨였다. 내가 먼저 인사를 건네자 아저씨도 반갑게 인사했다. 청량리행 기차에 올라 옆자리에 앉아 서로 이런저런 이야기를 나눴다.

"오늘은 서울에 볼 일이 있어서 올라가시는 거예요?"

"네, 아는 사람이 직장을 소개시켜줘서요. 일하러 가는 길이에요."

전과 달리 밝은 얼굴로 희망 어린 이야기를 하는 아저씨를 보니 참 좋았다. 즐거운 대화를 나누다 보니 금세 청량리에 도착했다. 나는 지갑에 있는 것들을 다 아저씨에게 드리며 적응하시려면 돈이 필요하니 가져가라고 말씀드렸다. 아저씨는 아무 말도 하지 못한 채 내가 돈을 쥐여 준 손만 바라보며 계셨다. 늘 아저씨를 위해 기도하겠다는 말을 남기고는 아저씨와 헤어졌다.

아저씨에 대한 기억이 희미해질 무렵, 교회에 한 통의 편지가 왔다. 내가 아는 사람이 아닌데 웬 교도소에서 편지가 왔을까 하며 봉투를 뜯어 편지를 읽어 보니 그제야 아저씨가 보낸 편지라는 걸 알 수 있었다.

"안녕하세요 진교씨, 댁 주소를 알지 못하여 교회로 편지를 보냅니다. 저는 취업 후에 한동안 잘 적응하며 지냈습니다. 그러다 다시 마약에 손을 대서 지금은 교도소에 수감이 되어 있습니다. 그간 수많은 기독교인들을 만났지만, 진교씨 같은 사람을 만나지 못했습니다. 제게 보여 주신 사랑 늘 잊지 않고 있습니다. 훗날 제가 출소하여 새사람이 되면 꼭 진교씨가 목회하는 교회에 다니고 싶습니다. 그때까지 건강하시길 기도합니다."

편지를 읽는 내내 감사함과 미안한 마음이 교차했다. 더 잘 챙겨드리지 못해서 죄송하고, 그럼에도 잊지 않고 편지를 주심에 감사했다. 언젠가 아저씨가 출소하여 나를 다시 찾아오는 날이 올 텐데, 그때를 내가 잘 준비했으면 하는 간절한 소원이 생겼다. 아저씨가 와도 아무도 눈치 주지 않고, 모두 같이 얼싸안고 함께 예배하며 기뻐하는 그런 교회 공동체를 이뤄 가야겠다는 책임감이 내 마음을 가득 채웠다. 부디 내가 잘 준비되어 아저씨가 오는 날에 두 팔 벌려 안아 줄 수 있기를 간절히 소망하며 기도했다.

복음으로 변화된 노숙인

신실하신 하나님은 나의 기도에 응답하셨다. 노숙인이 언제라도 들어올 수 있는 교회에서 사역할 기회를 주셨다. 아내가 예전에 사역하던 교회에서 개척 50주년을 맞이하여 세운 개척교회였다. 남서울평촌교회를 사임하고 개척교회에서 사역을 시작했다. 가난하고 연로하신 분들과 임종을 앞둔 분들이 오셨다. 특별히 인근에 노숙인들이 많아서 노숙인들도 왔다. 담임목사님께서 한 노숙인을 전도하셨는데, 그분은 노숙인 그룹에서 대장격인 분이셨다. 그분이 복음을 듣고 교회에 나오기 시작했다. 곧이어 단주를 결심하고 아예 교회에 들어와 살기 시작했다.

노숙인이 단주(斷酒)를 결심하고 실행한다는 것은 정말 어려운 일이다. 본인의 의지와는 상관없이 주변에 있는 노숙인들이 결코 가만두지 않기 때문이다. 하루에도 수시로 교회에 찾아와 술 먹자는 사람들의 청을 거절하며 예배와 성경 읽기에 집중하셨다. 1년 넘게 술을 입에 대지 않으셨다. 이제는 교회를 나서도 괜찮겠다는 생각에 교회 인근에 작은 방을 하나 얻어 주었다. 자립을 시작하셨다. 집이 생기니 일하기를 원하시기에 교회에서 일자리를 주선해 주었다. 아파트 경비로 취업이 된 뒤로 안정적으로 일을 하기 시작하셨다.

얼마 전엔 고향인 제주도에 다녀오셨다. 오랜만에 고향에 내려가겠다고 연락을 했더니 공항에 가족이 마중 나왔다. 그리고 그토록 그립던 어머니를 다시 만났다. 오랜 노숙으로 가족과 연락이 끊겨 구순이 넘은 어머님께서 그렇게 아들을 애타게 찾으셨는데 건강한 모습으로 아들이 돌아온 것이다. 어머님은 이제 죽어도 여한이 없다 하시며 기뻐하셨다.

그 누구도 변하리라 생각하지 못했던 사람이 변했다. 나도 물론이고 모두가 안 된다고 할 때, 담임목사님 한 분만 그를 끝까지 사랑으로 품어 주셨다. 아무리 사고를 치고 상처를 줘도 끌어안은 팔을 놔주지 않으셨다. 발버둥이 점차 멎었고 고요해진 그는 하나님을 만나 변화되었다. 처음부터 그 모습을 곁에서 지켜보며 한 가지 깨달았다. 사랑이 모든 것을 이긴다는 것을, 십자가 사랑이 비집고 들어가지 못할 마음은 없다는 것을 눈으로 보았다. 어쩌면 믿음이란 그 결국을 끝까지 보는 것이란 생각을 해 본다. 어느 정도 하고 하나님께 던져 버리는 게 아니라, 결국은 이루실 하나님을 끝까지 보는 게 믿음인 것 같다.

사람은 변하지 않는다는 속설이 있다. 살아갈수록 그 말이 속설을 넘어 진리로 여겨질 만큼 사람이란 존재는 참으로 완악하다. 그럼에도 불구하고 도저히 변하지 않을 거라고 생각했던 사람이 변하는 모습을 눈으로 보니 마치 무장해제가 되는 기분이다. 내 경험과 이성으로는, 수많은 아픔을 통해 배운 진리가 실은 편견에 불과했다는 것을 발견한다. 그래서 감사하다. 얼마나 더 깨지고 더 상할지 모르지만 결국은 편견을 이겼노라고 말할 날이 오리라 믿기 때문이다.

| 복음을 들을 마지막 기회 |

그러한 일이 있은 뒤로 더 많은 노숙인들이 교회를 오갔다. 노숙인들의 밥을 챙겨 주고, 급한 필요를 채워 주기에 많은 이들이 찾아왔다. 하루는 새로운 노숙인이 예배에 나왔다. 취기가 올라 술주정을 하듯이 찬양을 했다. 설교 중에는 갑자기 일어나 마대걸레를 들더니 예배당을 종횡무진 닦기 시작했다. 목사님이 "청소는 예배 끝나면 하고 지금은 예배에 집중하세요"라고 말하니 걸레를 내려놓고 앉았다. 그것도 잠시 다시 일어나 걸레를 들고 온 예배당을 닦기 시작했다. 오랜 노숙생활로 몸이 상하고, 깨지 않은 술 때문에 통제가 되지 않았다.

한 성도님이 노숙인의 모습을 한참 바라보고 있었다. 얼마 전에 노숙생활을 정리하고 경비일을 하며 자립한 성도님이었다. 자신도 예배 때 집중하지 못했던 적이 있었기에 그를 안타까운 눈으로 바라보고 계셨다. 그 자리에 있어 봤기에, 그 상황에 처해 봤기에 묵묵히 그 모습을 지켜보셨다. 그 눈빛이 참 아련했다. 감사와 미안함과 회한이 섞인 눈으로 한참을 바라보던 성도님은 자리에서 일어나 노숙인을 진정시키고 함께 예배하셨다.

한 번은 노숙인이 예배 중에 고성을 지르고 욕을 하고 심지어는 두 사람이 주먹다짐을 하기도 했다. 그야말로 아수라장이었다. 도저히 예배에 집중할 수 있는 상황이 아니었다. 두 사람 사이에 끼어 싸움을 뜯어 말리고, 겨우 진정을 시켜서 따로 앉게 했다. 예배를 그렇게 방해하고 힘들게 하면 쫓아낼 법도 한데 그 누구도 노숙인들을 내쫓지 않았다. 그저 끝까지 예배의 자리를 지키도록 기다려 주었다.

그 모습을 보니 문득 옛 생각이 났다. 교회에 오고 싶어도 사람들이 싫어해서 못 온다던 삼각산에서 만난 노숙인이 떠올랐다. 밤새 하나님께 간구했던 나의 기도를 들으신 하나님께 감사했다. 비록 예배는 아수라장이고 난장판일지라도, 노숙인이 거리낌 없이 들어올 수 있는 교회로 나를 인도해 주심에 감사했다. 누구라도 들어올 수 있는 울타리가 없는 교회를 이루고 싶었는데 그 교회를 먼저 경험하게 해 주시니 참 감사했다. 그저 감사한 마음으로 끝까지 예배의 자리를 지켰다.

내가 지금껏 경험하고 배웠던 노숙자 사역은 술 취한 사람을 예배의 자리에 들어오게 해서는 안 된다는 것이다. 그러나 우리 교회는 그렇게 하지 않는다. 술 취한 사람도 다 받아 준다. 불편하고, 힘들고, 견디기 어려울 때도 있지만 인내한다. 왜냐하면 그가 복음을 들을 수 있는 마지막 기회일 수도 있기 때문이다. 노숙인들은 오랜 길거리 생활로 인해 행려병에 걸려 언제 죽을지 모른다. 몸이 상할 대로 상했기에 어제만 해도 건강해 보였던 사람이 하루아침에 죽는 일들이 일어난다.

예전에 술에 잔뜩 취한 한 노숙인이 교회를 온 적이 있다. 여러 가지로 불편을 끼쳤지만 복음을 들을 수 있는 기회가 주어졌다는 것만으로 모두가 감사했다. 그런데 몇 달이 지나도록 그분이 보이지 않았다. 다들 무슨 일이 생겼나 염려하던 차에, 그분이 갑자기 돌아가셨다는 소식을 들었다. 아직 젊은 나이인데 오랜 노숙으로 인해 상한 몸이 더 이상 버티질 못한 것이었다.

언제든 이 땅을 떠날 수 있는 것이 우리네 삶이지만 그 사실을 추상이 아닌 삶으로 맞닥뜨리고 있는 노숙인이기에 그가 술 취했을지라도 맞아들일 수밖에 없다. 특별히 그런 일들이 반복되는 우리 교회이기에 매뉴얼이 아닌 인내로 사역할 수밖에 없다. 그래도 우리에겐 믿음이 있다. 이미 도저히 변화되지 못할 것 같은 사람을 변화시키신 하나님의 역사를 눈으로 보았기 때문이다.

| 우리 주변에 계신 예수님 |

아내와 연애를 할 때, 아내는 참으로 날 극진히 챙겨 주었다. 홍삼원액을 수시로 사다 먹이고, 옷과 신발도 사 주었다. 옷을 살 형편이 안됐기에 늘 그냥 몸에 맞으면 입고 다녔었는데, 훗날 아내는 당시 내가 뚱뚱한 유치원 아이가 몸에 안 맞는 옷을 입고 다니는 것 같았다고 하였다. 하루는 아내가 목도리를 사 왔는데, 딱 봐도 굉장히 비싸 보였다. 아내는 목도리를 내 목에 걸어 주며 신신당부했다.

"이거 구하느라 힘들었어. 한정판으로 굉장히 좋은 거야. 그러니까 목에 잘 두르고 다녀야 돼. 그리고 다른 건 괜찮은데 이것만은 노숙자에게 주지 않았으면 좋겠어?"

아내의 말에 알았다고 대답하고 한동안 목도리를 잘 메고 다녔다. 목도리만 해도 이렇게 따뜻한지 처음 알았다. 2주 정도 지나 아내를 만나기 위해 이른 아침에 논현동으로 갔다. 지하철에서 내려 걸어가는데 저 멀리서 노숙자가 다가오고 있었다. 추운 겨울인데 얇은 점퍼 하나 걸치고 터덜터덜 걷는 모습에 순간 불안했다. 아내가 주지 말라고 했는데 어떻게 해야 할지 고민하고 갈등했다. 아내가 준 소중한 목도리인데, 이것만큼은 꼭 간직해 달라고 했는데 어떻게 해야 되나 싶었다.

그냥 거기서 뒤돌아섰어야 했는데 아저씨에게 다가갔다. 가까이 가니 벌벌 떨고 있는 모습이 확연히 보였다. 아무 말 없이 목도리를 벗어서 목에 감아드렸다. 주머니에 있는 것들을 털어서 손에 쥐여드렸다. 아저씨는 나를 한번 스윽 쳐다보더니 고개를 한 번 끄덕이시고는 뒤돌아서 가셨다.

아저씨의 가는 모습을 한참 바라보았다. 목도리가 아까워서 그런 게 아니었다. 왠지 그분이 예수님처럼 보였기 때문이다. 내가 목도리를 벗어 준 아저씨의 뒷모습이 예수님 같았다. 어린 시절에 읽은 원종수 권사님의 간증집에서 자기가 도왔던 노숙인이 예수님이었다는 고백이 떠올랐다. 감히 내가 그분에 비할 바는 아니지만 비슷한 경험을 했다.

그렇게 난 지극히 작은 자의 모습으로 내게 오신 예수님을 만났다. 예수님은 저 멀리 하늘이 아니라, 우리 곁에 지극히 작은 자들과 함께 지극히 작은 자로 계심을 깨달았다. 그날 이후로 내가 예수님을 만나는 길은 두 가지가 되었다. 하나는 여느 때처럼 예배를 통해 하나님의 임재를 경험하는 길이 있고, 다른 하나는 지극히 낮은 데로 나아가는 것이다. 낮은 데로 나아가 지극히 작은 자들을 섬기고 사랑하다 보면, 그들 중에 그들과 같은 모습으로 계신 주님을 만날 수 있다. 주님을 사랑할 수 있다.

| 블루노트_감옥에 갇힌 자를 찾아가신 예수님 |

공생애를 시작하신 지 3년이 넘어서자 예수님은 이제 곧 십자가를 지실 것을 아셨다. 겟세마네 동산에서 땀이 피가 될 정도로 간절히 세 번이나 같은 기도를 반복하셨다. 기도의 제목은 "이 잔을 내게서 옮겨 주옵소서"였다. 십자가 지는 것을 피할 수만 있다면 피하게 해 달라고 간구하셨다. 공생애 중 단 한 번도 자신의 필요를 위해 기도하지 않으셨는데, 처음으로 자신의 필요를 간구하셨다. 예수님에게도 십자가는 결코 쉽지도 가볍지도 않은 것이었다.

그럼에도 예수님은 십자가로 나아가셨다. 십자가보다 우리를 향한 사랑이 더 무거웠기 때문이다. 십자가의 고통보다 우리를 구원하시는 기쁨이 더 컸기 때문이다. 예수님은 기쁨으로 십자가를 지셨다. 십자가를 지시기 전에 예수님은 제자들에게 기쁘다고 말씀하셨다. 사람이 친구를 위하여 목숨을 버리는 사랑이 가장 크다고 말씀하시며 주님은 "내 기쁨이 너희 안에 있어 너희 기쁨이 충만하길 원한다"고 하셨다. 예수님은 우리를 위해 대신 죽으시는 것을 기뻐하셨다. 우리가 당할 고통을 대신 당하실 수 있었기 때문이다. 우리가 당할 죽음을 대신 당할 수 있으셨다. 우리 대신 죽어서 우리를 살릴 수 있으셨다. 예수님이 징계를 받음으로 우리가 평화를 누리고, 예수님이 채찍에 맞음으로 우리가 나음을 입었다. 그래서 예수님이 기뻐하셨다. 당신이 죽는 길이라 할지라도 우리를 살릴 수 있기에 이 땅에 내려오셨다. 십자가에서 온몸이 찢긴다 할지라도 우리를 구원하실 수 있기에 십자가를 향해 나아가셨다.

온몸이 탈진하여 걸을 힘조차 없으셨지만, 예수님은 십자가를 지고 걸어가셨다. 이때 예수님과 함께 십자가를 지고 가는 두 명의 강도들이 나온다. 그들은 무슨 큰 죄를 지질렀는지 사형수였다. 그들은 하나같이 예수님을 욕했다. 자신을 십자가에 못 박고, 욕하고 저주하는 사람들을 보며 예수님은 기도하셨다.

"아버지여 저희를 사하여 주옵소서. 자기의 하는 것을 알지 못합니다."

예수님은 지금 저들이 무슨 일을 하는지 모르고 그러는 거니 용서해 달라고 기도하셨다. 하나님 아버지는 아들이신 예수님의 기도에 응답해 주셨다. 예수님을 욕하던 강도 중에 한 사람이 갑자기 태도를 바꿨다. 방금 전까지만 해도 함께 예수님을 욕하던 자가 오히려 상대편 강도를 꾸짖었다.

"너나 나나 우리가 지은 죄 때문에 사형을 당하지만, 예수님은 아무런 죄가 없음을 알지 못하느냐. 예수님, 당신의 나라에 임하실 때에 나를 기억하소서."

강도는 예수님께 주님의 나라에 들어가실 때 나를 기억해 달라고 간구했다. 자신과 같이 십자가에 달려서 이제 곧 죽을 운명인 예수님이 당신의 나라, 즉 하나님의 나라에 임할 것을 믿었다. 예수님은 강도에게 낙원, 즉 하나님의 나라를 약속하셨다. 결국 강도는 죽는 자리에서 영원한 생명을 얻었다. 구원을 받았다.

예수님께서 십자가에 달리신 것은 철저히 자발적인 것이었다. 군인들의 강압에 의한 것이 아니었다. 이미 예수님은 자신을 잡으러 온

군인들을 신적능력으로 제압하셨다. 군인들이 예수님 앞에 쓰러져 벌벌 떨었다. 예수님은 열두 영, 즉 열두 군단도 더 되는 천사들을 부를 수 있지만 하나님의 뜻을 이루기 위해 그러지 않는다고 하셨다. 예수님은 자신이 잡히시고 십자가에 달리시는 것까지 모두 스스로 선택하셨다.

예수님은 온 인류를 구원하시려 십자가를 선택하셨다. 그리고 한 가지 이유가 더 있었다. 바로 한 영혼, 영원 전부터 구원하기로 작정된 한 사람이 더 있었기 때문이다. 바로 십자가에 달린 강도였다. 그가 십자가 사형대에 달릴 것이기에 십자가로 심방가신 것이다. 십자가에 달릴 그를 구원하기 위해 함께 십자가에 달려 주신 것이다. 감옥에 갇힌 자를 찾아가는 차원을 넘어 사형대에 달릴 사형수를 구원하기 위해 친히 사형수가 되어 주셨다. 그 열심과 사랑이 온 인류를, 한 강도를, 그리고 우리를 구원하였다.

우리를 구원하시려 낮고 천한 이 땅에 내려오신 주님은, 지극히 작은 자들을 찾으시려 낮고 더 낮은 곳으로 가셨다. 가난한 자들, 나그네, 병든 자들이 있는 곳이라면 어디든 찾아가셨다. 설령 그가 감옥에 갇힌 자라 할지라도, 사형에 해당하는 극악무도한 죄인이라 할지라도 그를 구원하시려 십자가로 찾아가셨다. 십자가 위에서까지 지극히 작은 자를 찾아가셨다. 예수님의 이 땅에서의 삶은 지극히 작은 자로 시작하여 지극히 작은 자로 마치셨다.

예수님은 우리에게 모범을 보여 주셨다. 삶의 가치와 참행복이 어디에 있는지 보여 주셨다. 행복은 높은 데 있지 않고, 낮은 데에 있음을 보여 주셨다. 끊임없이 높아지려고 발버둥치는 삶에는 행복이 없음을 우리 모두는 알고 있다. 그런데 대안이 없기에 속고 또 속는 삶을 반복하고 있다. 우리 주님은 처음부터 보여 주셨다. 사람으로 지음 받은 우리가 가장 행복하고 의미 있게 사는 길은 낮은 데로 나아가 지극히 작은 자들과 더불어 사는 것임을 몸소 보여 주셨다. 예수님처럼 사는 길은 결코 고된 길이 아니다. 포기하는 길이 아니다. 포기하는 것이 아니라 더 좋은 것을 선택하는 것이다. 예수님처럼 더 좋은 것을 선택할 때 비로소 우리는 인생의 참의미와 가치를 발견할 수 있다. 주님과 동행하며 은혜를 누리는 삶을 시작할 수 있다.

05
다 섯 번 째 작 은 자

장애인

다섯 번째 작은 자 : 장애인

| 돌봄이 아닌 자립 |

대학생 때 장애인 봉사동아리 활동을 했다. 주님이 말씀하신 지극히 작은 자가 노숙인만 해당되는 게 아니라는 생각 때문이었다. 동아리 활동과는 별개로 방학 때 "뇌성마비장애인 자립캠프"에 봉사를 하러 갔다. 한 분을 전담하여 챙기고 프로그램에 참여했다. 특별히 그곳에서 또래인 뇌성마비장애인을 만났는데, 그는 장애인 자립 활동가였다. 장애인의 자립을 위한 다양한 활동들을 하는 친구였다. 뇌성마비임에도 뚜렷한 자기주관을 가지고 활발히 활동을 한다는 것이 놀라웠다. 우리는 금방 친해졌고, 틈나는 대로 여러 이야기들을 나눴다.

한번은 친구와 장애인 인권에 대해 대화하던 중에 내가 '장애우'라는 단어를 쓰자 친구가 별안간 벌컥 화를 내며 열변을 토했다.

"왜 우리를 장애우라고 부르냐? 우리가 허락도 안 했는데 왜 친구라고 부르냐? 장애인이면 친구 삼아 주셔서 감사하다고 넙죽 절이라도 해야 하니?"

친구의 말에 놀란 나는 대답할 말이 떠오르지 않았다. 친구의 열변은 계속되었다.

"예전에는 병신이라고 부르다가 장애인이라고 부른지 얼마나 됐다고 이제는 또 장애우라고 하고, 왜 우리를 사람들이 멋대로 규정하는지 모르겠다. 장애를 가지고 사는 것일 뿐인데, 엄연히 이름이 있는데 우린 이름이 있어도 이름을 들을 수 없다."

친구의 말에 무언가 내 안에 있는 단단한 껍질이 깨져 버리는 것 같았다.

'그래, 그들에게도 이름이 있는 똑같은 사람인데 왜 장애인이라는 테두리에 가둔 채 바라보려고만 할까?'

장애를 가진 사람은 있어도 그 장애 하나가 한 인격의 전부를 규정할 수 없고 그래서도 안 되는 것이었다. 내가 먼저 손 내밀었으니 그저 감사히 잡으라고 해서도 안 된다. 장애인이라는 편견들이 벗어지고, 자연스레 이름이 불리는 날이 오면 좋겠다는 생각을 했다. 친구한테 꾸중을 들었지만 전혀 기분 나쁘지 않았다. 오히려 기쁘고 즐거웠다.

"진교야, 너는 앞으로 장애인들을 위해 뭐가 하고 싶니?"

"난 목사가 될 거라서 교회에서 복지관을 지어서 장애인들을 돌보는 일을 하고 싶어."

내 말을 듣던 친구가 한숨을 내쉬고는 계속 말을 이어갔다.

"장애인이 원하는 건 돌봄이 아니라 자립이야. 사람이라면 누구나 자립을 원하듯이 장애인도 스스로 서는 자립을 원해. 다만, 자립할 수 있는 여건이 갖춰져 있지 않아 돌봄을 받고 있는 거지. 대부분의 장애인들은 자립을 원해."

친구의 말에 뭐라 대꾸할 수 없었다. 그저 고개만 끄덕였다. 과연 그럴 만하다고 생각했다. 장애인도 똑같은 사람인데 막연하게 누군가의 돌봄을 받아야만 살아갈 수 있는 존재라고 여겼음이 부끄러웠다. 동시에 감사했다. 이제라도 장애인이 원하는 것이 무엇인지 알았기 때문이다. 그들이 스스로 서는 자립을 추구하는 일이야말로 진정으로 장애인을 돕는 길임을 깨달았다. 내가 원하는 방식이 아닌, 장애인이 원하는 방식으로 사랑하고 싶었다.

그날 이후로 난 장애인의 자립을 공부했다. 기독교교육 전공자로서 내가 무엇을 할 수 있을지 고민하고 기도했다. 빈 강의실에 들어가 화이트보드에 "기독교 작은 교육"이라는 제목을 쓰고 장애인의 자립에 대한 방안을 가득 적어 보기도 했다. 그래도 뾰족한 수가 나오지 않았다. 무엇을 어떻게 해야 할지 감이 잡히지 않았다. 그저 기도실에 들어가 간구할 때가 많았다. 장애인의 자립을 위해 내가 할 수 있는 일이 무엇인지, 무엇을 준비해야 하는지 알려 달라고 간구했다.

| 편견의 허상 |

한번은 대학에서 소록도로 봉사활동을 갔다. 30여 명이 왔는데 대부분 사회복지학과 학생들이었고, 신학생은 나와 후배 단 둘이 전부였다. 가기 전에 굉장히 걱정을 많이 했다. 한센인들을 만난 적이 없었기에 막연한 두려움이 밀려왔다. 코가 없거나 손가락이나 발이

없다는 등의 말들에 두려움만 점점 커졌다. 그러나 막상 도착해서 한센인 어르신들을 뵈니 아무렇지도 않았다. 따뜻한 동네 할머니, 할아버지셨다. 일주일 동안 어르신들의 집과 밭을 정비하고, 여러 가지 일들을 했다. 덥고 고된 일이었지만 어르신들이 간식을 챙겨 주시고, 농담도 해 주셔서 다들 즐겁게 웃으며 봉사했다.

소록도를 떠나기 전날 밤, 모두 모여서 봉사왕을 뽑는 투표를 했다. 가장 열심히 봉사한 사람을 투표로 한 명 뽑고 결과를 발표하는데 진짜 깜짝 놀랐다. 내가 봉사왕으로 선정된 것이다. 소감을 발표하는데 당황해서 횡설수설했다. 다들 열심히 했고 사회복지학과 학생들이 자기 동료를 뽑을 줄 알았는데 내가 뽑혀 부끄럽기도 하고 감사하기도 했다. 살면서 많은 상을 받아보지는 못했지만 그날 받은 상이 개인적으로 기억에 남고 참 영광스러웠다.

소록도에서 받은 봉사상보다 더 소중한 것은 따로 있었다. 바로 편견의 정체를 파악한 것이다. 그토록 커 보이던 편견이 얼마나 하찮은 것인지 깨달았다. 멀리서 보면 두렵고 염려되어 다가가지 못했던 사람들이 가까이서 보면 우리와 다르지 않음을 알았다. 멀리서 보기에 제대로 보지 못하고 막연한 두려움이 주저하게 만드는 것이다. 직접 보지도 않은 채 멀리서 이런저런 말들로 편견이라는 괴물을 만드는 데 여념이 없다.

한센인이든, 장애인이든, 노숙인이든 직접 보면 다 똑같은 사람이었다. 모두 하나님이 지으신 소중한 하나님의 형상이요 자녀이다. 하나님이 품으시는 소중한 사람이다. 그러니 우리도 품어야 하고 품으려면 다가가야 한다. 발을 떼기가 어렵고 가는 내내 불안하겠지만, 도착하면 아무렇지도 않다. 오히려 걱정했던 자신이 부끄럽고 민망하기까지 하다. 다가가야 손 잡아 줄 수 있고, 안아 줄 수 있다. 그러니 염려말고 다가가자.

번아웃

신학대학원에서 공부를 하면서 두 번이나 응급실에 실려갔다. 가뜩이나 신학교가 공부를 많이 시키기로 유명했던 곳인데, 사역도 같이 하다 보니 몸이 버티질 못했다. 당시에 아내가 아이를 임신했는데 임신중독과 자궁에 있는 큰 근종으로 심한 고생을 했다. 극심한 통증에 몇 달을 걷지도 못하고 기어서 다녔다. 병원에서는 산모가 위험하니 지금이라도 아이를 제왕절개로 낳아야 한다고 했다. 의사의 강권에 아내는 임신 27주차에 수술실에 들어갔다. 초조한 마음으로 기다리고 있는데 아내가 금방 올라왔다. 수술을 거부한 것이다. 자신도 일찍 태어나서 몸이 아팠기에 아이를 고생시키고 싶지 않다며 의사에게 말하고 수술실에서 나온 것이다.

이후로도 수술실에 들어갔다 나오기를 몇 번이나 반복했다. 아내는 피를 토해 가며 10주를 버티고 기어이 37주차에 예쁜 딸아이를 출산했다. 하나님의 지혜와 긍휼을 가질 아이로 자라길 바라는 마음에 이름을 '지휼'이라 하였다. 그런데 아이가 나면서부터 많이 아팠다. 면역력이 너무 약하여 매일 병원을 다녔고, 끊임없이 경기를 일으켰다. 훗날에야 안 것이지만 뇌전증으로 인해 시도때도 없이 부분발작을 일으킨 것이었다. 사경(斜頸)과 척추의 비대칭으로 재활을 받고, 원인을 알 수 없는 면역력 저하와 발작으로 유명한 대학병원에 유명한 교수들을 다 찾아다녔다. 쉬는 날도 없이 그렇게 살다 보니 많이 지쳤고 없는 살림에 재활비와 병원비를 감당하려니 스트레스도 이만저만이 아니었다.

오랫동안 사역을 하며 사람들에게 받았던 상처들도 누적되었던 것 같다. 나는 훌훌 털어 버렸다고 생각했는데, 고스란히 간직하고 있었다. 결국 번아웃(Burnout)이 왔다. 대학원에서 심리를 전공한 전문가인 아내 말로는 당시에 내가 공황장애에 가면성 우울이라고 했다. 도저히 내게 주어진 일들을 감당할 힘이 남아 있지 않았다. 결국, 교회를 사임했다.

아무것도 할 수 없어 며칠을 멍하니 있었다. 아내는 혼자서 아이를 볼 테니 기도원에라도 다녀오라고 했다. 기도원에 갔지만 사흘 동안 예배실에도 기도실에도 가지 않았다. 그냥 어두운 방에서 홀로 우두커니 앉아만 있었다. 그렇게 내 몸도, 영혼도 땅 밑으로 꺼져만 갔다.

| 나를 일으킨 장애인 동료들 |

사역을 그만둔 지 석 달이 넘으니 더 이상 재정적으로 버틸 수 없었다. 우는 아이를 보니 뭐라도 해야만 했다. 때마침 내가 사역했던 교회 근처에 있던 굿윌스토어에서 사람을 구했다. 사역할 당시 담임목사님이 교역자들을 데리고 한 번 방문했던 곳이었다. 사람들이 기증한 물건을 장애인이 직접 관리하고 판매하는 일을 하는 곳이었다. 살면서 그렇게 밝고 자신감 있는 장애인을 본 적이 없기에 좋은 인상으로 남아 있었다.

이력서를 내고, 면접을 봐서 채용이 되었다. 굿윌스토어 안양점에 첫 출근을 앞두고 잘 버틸 수 있을지 염려되었다. 사역을 그만두며

한동안 사람이 너무 싫었는데 과연 내가 장애인과 잘 지낼 수 있을지 미지수였다. 장애인 직원들과 인사하고 일을 시작하자마자 염려가 기우였음을 알았다. 아무런 의심의 눈초리 없이, 흘겨봄도 없이 바라봐 주는 직원들이 내 염려를 덜어 주었다. 환한 미소로 환대해 주니 경직된 내 얼굴이 풀리기 시작했다. 아무런 대가도 허물도 없이 대해 주는 그들의 모습이 오랫동안 꽁꽁 얼어 있었던 내 마음을 따뜻하게 녹여 주었다. 그렇게 나는 장애인 직원들을 통해 치유받았다.

일하는 게 너무 즐거웠다. 출근하는 것이 너무 좋았다. 쉬는 날에도 아내와 아이를 데리고 와서 장애인 직원들과 시간을 보냈다. 아이

두돌 때는 케이크를 사 매장에서 직원들과 함께 축하파티를 하기도 했다. 장애인 직원들의 환한 미소가 무너진 나를 일으켜 세워 주었다. 나만 그런 줄 알았는데 그런 사람들이 많았나 보다.

하루는 매장에서 일하는데 웬 박스에 간식과 편지가 놓여 있었다. 무슨 내용인지 궁금하여 편지를 열어 보았다.

"안녕하세요. 한동안 살기 싫을 때가 있었는데, 이곳에서 일하는 장애인분들 보면서 살 용기를 얻었습니다. 감사한 마음에 간식을 준비했습니다. 맛있게 드셔주시고, 지금처럼 힘차게 일해주시길 바라봅니다. 감사합니다."

그랬다. 나 같은 사람이 또 있었나 보다. 나처럼 살기 싫었는데 우리 동료들을 보고 살 힘을 얻은 사람이 있었다. 지금도 수많은 사람들이 굿윌스토어를 찾는다. 물건을 기증하기 위해, 좋은 물건을 저렴하게 구입하기 위해, 무엇보다 장애인 직원들을 보기 위해 많은 이들의 발걸음이 이어진다. 장애인의 자립이 비장애인의 자립으로 이어진다.

영재 씨의 변화

나의 파트너 영재 씨는 20대 중반의 발달장애인이었다. 체구는 왜소하지만 힘이 장사였다. 일도 민첩하고 체계적으로 잘했다. 장애인과 함께 일하면 일일이 보조하고 도와줘야 할 것 같아 힘들다고 생각한다. 그런데 나는 영재 씨와 함께 일하며 오히려 도움을 많이 받았다. 처음에 일에 적응할 때, 영재 씨가 하나하나 가르쳐 주어 큰 도움이 되었다. 마치 군대에 입대하면 나이가 같거나 적어도 선임(先任)이 형처럼 보이는 것처럼 영재 씨는 내게 형이요 선임과 같았다. 그렇게 난 영재 씨 덕분에 금방 적응했다.

영재 씨는 교회를 다니지만, 복음을 잘 알지 못했다. 교회를 다녀도 복음을 모르는 사람이 수두룩한데 장애인이야 더 말할 것도 없다. 복음을 제대로 들어 본 적이 없다. 일을 하며 하루 종일 탑차를 운전하기에 늘 드라마바이블이나 설교를 틀어 놓았다. 함께 듣던 영재 씨가 이런저런 질문을 하곤 했다. 하루는 영재 씨의 질문이 오전부터 오후 늦게까지 끊이질 않았다. 답을 하던 와중에 영재 씨에게 복음을 전해야겠다는 감동이 일었다. 잠시 차를 세우고, 영재 씨에게 복음을 전했다.

"영재 씨, 영재 씨는 하나님이 지으신 소중한 사람이에요. 하나님은 영재 씨를 지으신 아버지예요. 하나님이 영재 씨와 영원히 함께 있고 싶으셔서 하나뿐인 아들인 예수님을 보내셨어요. 예수님이 영재 씨를 대신하여 십자가에서 죽으셨어요. 영재 씨의 죗값을 예수님이 대신 치르셔서 영재 씨가 구원받았어요. 예수님을 믿기만 하면 돼요. 그러면 구원받아 천국에서 하나님과 영원히 함께 살 수 있어요."

영재 씨가 고개를 끄덕였다. 영재 씨에게 함께 기도해도 될지 물었다. 허락해 주어 예수님을 구주로 영접하는 기도를 드렸다. 그렇게 영재 씨는 살면서 처음으로 복음을 제대로 듣고, 예수님을 영접했다. 그날 이후 영재 씨와 성경을 공부했다. 비록 운전하는 차 안이었지만, 창세기부터 시작하여 성경의 이야기를 풀어 주었다. 흥미롭게 듣던 영재 씨는 이것저것 질문도 했는데, 예상을 벗어난 깊은 질문을 하기도 했다. 그렇게 우리의 탑차는 성경공부방이 되었다.

영재 씨의 삶에 차츰 작은 변화들이 생기기 시작했다. 한번은 영재 씨가 가진 재능이 꽃 피웠으면 하는 바람을 이야기했다. 좋아하는 것을 공부하여 자격증을 따 보라고 조언했다. 고맙게도 영재 씨가 바로 전기기능사 자격증 공부를 시작했다. 나도 영재 씨와 함께 공부하고자 따로 자격증 공부를 시작했다. 영재 씨는 차를 타고 이동하는 틈틈이 자격증 공부를 했다. 집에 가서도 공부를 했다.

마침내 시험 날이 다가와 영재 씨는 시험을 봤다. 다음 날 내가 시험 잘 봤느냐고 물어보니, 영재 씨는 아쉬워하며 60문제 중에 30문제밖에 못 맞혀서 떨어졌다고 했다. 6문제만 더 맞혔으면 합격인데 아쉽다고 했다. 그 말을 듣는데 울컥했다. 어려운 가운데도 절반이나 맞힌 영재 씨가 참 자랑스러웠다. 나는 포기하지 말고 노력하면 꼭 합격할 거라고 말해 주었다.

영재 씨의 변화는 내게 큰 위로가 되었다. 매일같이 무거운 기증품을 나르고 새벽부터 늦은 밤까지 일하느라 녹초가 되었지만, 복음으로 변화된 영재 씨가 하나님이 내게 주신 열매라는 생각에 감사했다. 사역자로서의 정체성을 지킬 수 있도록 영재 씨가 도와주었다. 굿윌에서 일하며 자립에 성공한 영재 씨는 또다른 꿈을 꾸기 시작했다. 꿈이라는 게 없던 영재 씨가 꿈을 가지고 생기 있게 살아가는 모습이 참 아름다웠다. 영재 씨가 꾸는 꿈이 이루어지도록 앞으로도 곁에서 응원하고 함께 하련다.

| 개척교회에 전해진 피아노 |

하루는 한 기증자가 좋은 일에 쓰이길 바란다면서 전자피아노를 기증했다. 매장에 진열하니 몇몇 분이 구입문의를 하였지만 번번이

불발되었다. 그렇게 며칠이 지나고, 해가 저물어 가려는 시간에 한 고객이 전자피아노를 구입하겠다고 했다. 전부터 피아노를 놓고 기도하고 있었는데 마침 좋은 피아노를 발견해 기쁘다고 했다.

그분이 피아노를 놓고 기도하신 사연은 이렇다. 자신이 섬기는 교회가 개척교회인데 목사님이 편찮으시고 성도는 자신 한 명뿐인데 교회에 피아노가 없다. 하루는 사모님이 자신의 무릎을 건반 삼아 손가락으로 치고 있는 모습을 보고는 마음이 아팠다고 하셨다. 그 이후로 하나님께 기도했고, 마침 피아노가 좋은 가격에 나와 얼마나 기쁘고 반가운지 몰랐다고 하셨다.

그분의 사연을 듣고는 교회 위치를 물어봤다. 인천 남동구라고 하셨다. 비록 거리가 멀었지만, 사연이 사연인지라 급하게 피아노 원정대가 결성되었다. 좁은 탑차에 세 사람이 타고 안양에서 인천으로 향했다. 좁은 좌석에 불편할 법하지만 마음만은 그토록 편하고 기쁠 수 없었다. 고객님이 말씀하신 배송지에 도착하니 허름한 상가건물이었다. 오래된 건물이라 그런지 계단의 경사가 너무 높았다. 계단인지 사다리인지 구분이 안 갈 정도였다. 세 명이서 피아노를 들고 사다리를 올라 마침내 정상에 다다랐고, 조심스레 교회 문을 두드렸다.

문이 열렸고 안을 들여다보니 목사님과 사모님이 계셨다. 함께 앉아서 성경을 읽고 계셨던 것 같다. 고객님의 말씀처럼 목사님은 편찮아 보이셨고, 교회는 정말 작고 허름했다. 두 분은 별안간 찾아온 우리로 인해서 놀라셨다. 들고 온 피아노를 보시고는 더욱 놀라서 입을 다물지 못하셨다. 자초지종을 설명드렸지만 너무 급작스러운 상황인지라 두 분은 어찌할 바를 모르셨고 우리는 얼른 피아노를 옮겨드렸다.

인사를 드리고 나오려고 하는데, 강대상 뒤편에 있는 문으로 고개를 내밀고 있는 한 아이가 보였다. 순간 그곳이 사택이라는 것을 알 것 같았다. 작은 예배당 뒤편에 마련된 작은 방이 사택이라고 생각하니 마음이 아렸다. 조심스레 나를 바라보는 아이의 눈빛이 처량해 보였다. 작고 가녀린 아이의 얼굴이 너무 어두워 보였다. 괜스레 어릴 적 나를 보는 것 같았다. 그냥 괜히 눈물이 날 것 같았다. 급히 인사를 드리고 교회를 나왔다.

집으로 돌아가는 길, 뿌듯한 마음보단 답답한 마음이 점점 커져갔다. 어떻게 해야 도움이 되어드릴 수 있을지 고민만 더 커져갔다. 오래전 하나님은 가난한 자들을 도우라고 하시며 고아와 과부와 나그네를 말씀하셨다. 뿐만 아니라, 레위인도 함께 말씀하셨다. 성전을 위해 봉사하던 레위인처럼 오늘날 하나님을 위해 헌신하는 목사님들에게 힘이 되는 사역의 길을 열어 달라고 기도했다.

| 개척교회 목사님 섬기기 |

그날 이후로 개척교회 목사님들을 어떻게 섬길 수 있을지 고민하고 기도했다. 문득, 어려운 형편으로 가족들과 어디 가서 쇼핑하지 못하는 목사님들의 모습이 떠올랐다. 이거다 싶어 회사 상급자에게 개척교회 목사님들을 돕고 싶다는 마음을 나누었다. 내가 돈을 지불할 테니 개척교회 목사님 가정이 와서 필요한 물건을 마음껏 가져가시게 해 달라고 요청했다. 몇몇 동료들도 좋은 생각이라며 함께 돈을 보탰다.

친한 목사님을 통해 어려운 개척교회 목사님 가정을 섭외했다. 목사님께서 사모님과 두 딸을 데리고 오셨다. 주차장에서 정중히 인사하며 맞이하였다.

"안녕하세요, 목사님. 저는 굿윌스토어에서 일하는 서진교 강도사입니다. 이렇게 먼 걸음 해 주셔서 감사합니다. 목사님 가정에 필요하신 물건이 있으면 전부 가져가시면 됩니다. 이미 계산은 다 되어 있습니다. 전혀 부담 가지지 않으셔도 됩니다. 와 주셔서 진심으로 감사드립니다.”

주저하시던 목사님과 사모님이 조심스레 스토어를 둘러보셨다. 그리고 조심스레 하나둘 물건을 카트에 담으셨다. 그 사이에 난 매장 내 카페에 부탁해 음료를 준비하여 갖다 드렸다. 시원한 음료를 드리며 스토어 이곳저곳을 안내해드렸다. 필요하실 것 같은 물건들을 직접 가져와 카트에 담아드리기도 했다.

목사님과 사모님도 좋아하셨지만, 아이들이 그렇게 좋아할 수 없었다. 스토어 곳곳을 활짝 웃으며 뛰어다녔다. 엄마, 아빠한테 어울릴 것 같은 옷들을 가져와 몸에 대보았다. 필요한 장난감과 책들을 고르고, 신발을 신어 보느라 여념이 없었다. 아이들의 모습을 목사님과 사모님이 흐뭇하게 바라보셨다. 그 모습을 보는데 마음이 그렇게 뿌듯할 수 없었다. 작은 섬김을 통해 목사님 가정에 웃음을 선물할 수 있어 기뻤다.

2시간 동안 쇼핑을 하신 목사님은 필요한 것을 다 샀다고 하셨다. 나는 목사님께 자리에 앉아 계시면 포장해 드리겠다고 말씀드렸다. 혹시나 포스 앞에 서서 금액이 얼마인지 보시면 불편해하실까 그리했다. 물건을 잘 포장해 드리고 밖으로 배웅해 드렸다.

"강도사님, 너무 감사해서 어찌 하나요. 너무 많이 고른 것 같아 죄송해요."

"아이구, 목사님 그런 말씀 마세요. 찾아와 주셔서 정말 감사해요."

"이렇게 가족들과 쇼핑을 해 본 게 얼마만인지 모르겠어요. 귀한 섬김에 감사드려요."

"귀한 시간 내주시고 찾아와 주셔서 감사해요. 혹시 기억나시면 꼭 저

희를 위해 기도해 주세요. 굿윌스토어를 통해 더 많은 장애인들이 자립하고, 행복해지도록 꼭 기도 부탁드려요."

목사님은 기쁜 마음으로 기도하겠다고 하셨다. 굿윌스토어를 알리는 일에 동참하겠다며 브로슈어도 한가득 챙겨 가셨다. 얼마나 기쁘고 감사한지 몰랐다. 무엇보다 더 기뻤던 것은 환하게 웃는 아이들의 얼굴이었다. 처음 왔을 때만 해도 경직되어 있던 아이들의 얼굴에 웃음꽃이 활짝 피었다. 감사하다며 손을 흔들고 차에 타는 아이들에게 손을 흔들어 인사했다. 꼭 다시 보자고 하였다.

목사님을 배웅해 드리고 다시 스토어에서 일을 하는데 갑자기 사람들이 물밀듯이 밀려오기 시작했다. 물건을 기증하러 사람들이 오기 시작했고, 이것저것 물건을 구매하기 시작했다. 그날 하루 종일 매장을 찾는 사람들이 많지 않아 걱정을 많이 했는데, 목사님이 다녀가신 뒤 평소보다 더 많은 사람들이 스토어를 방문했다.

그렇게 개인적으로 몇 번 더 개척교회 목사님과 선교사님 가정을 섬겼다. 그분들이 다녀가시며 활짝 웃으시는 모습을 뵐 때마다 너무 기뻤다.

'나도 이렇게 기쁜데, 하나님은 얼마나 더 기쁘실까?'

하나님께서 기뻐하시는 일을 하니 하나님의 도우심을 참 많이 경험했다. 스토어 운영이 너무 어려워 도저히 길이 보이지 않을 때마다 하나님은 새로운 길을 여셨다. 함께 마음을 나누고 최선을 다해 일하는 동료들로 인해 어려운 시절을 잘 지나갈 수 있었다.

| 한 장애인 어머님의 문자 |

평소처럼 영재 씨와 탑차에 기증품을 싣고 있었다. 문자메시지 알림소리가 나서 보니 웬 모르는 번호로 문자가 왔다. 얼마 전에 분당우리교회 중보기도 게시판에 올라온 굿윌스토어를 위해 기도해 달라는 글을 보고 누군가 문자를 주신 것이었다.

"강도사님 반갑습니다. 분당우리교회 기도요청방에서 소식보고 연락드리는 대구 범어교회를 섬기는 집사 ○○○입니다. 22살의 지적장애 3급 아들이 있습니다. 혹시 대구에는 굿윌스토어나 관련된 사역을 하시는 분이 계신가요? 하나님께서 장애아들을 맡기신 계획이 있을 텐데 제가 할 수 있는 것이 무엇인지 막막하기도 하고 막연한 소망을 가져보기도 합니다. 귀한 사역을 응원하며 부족하지만 기도하겠습니다."

문자를 보는데 마음이 먹먹했다. 내가 게시판에 쓴 글에서 "장애인이 직업을 갖고 즐겁게 일할 수 있다"는 말에 문의를 하신 것이었다. 집사님의 문자에 어떻게 답을 드려야 할까 고민하다 하나님께서 주신 감동이 일었다. 주신 마음 그대로 답을 드렸다.

> "안녕하세요, 집사님. 저희 사역에 관심 가져주시고 기도해 주셔서 감사합니다. 제가 알기엔 대구에는 굿윌스토어가 없는 걸로 알고 있습니다. 지금은 제 힘이 미약하여 도움을 드릴 수 없지만 대구에도 꼭 굿윌스토어가 생기길, 집사님 아드님이 굿윌스토어에서 일할 수 있도록 제가 서 있는 곳에서 최선을 다해 노력하겠습니다. 저도 집사님과 아드님을 위해서 기도하겠습니다. 감사합니다."

집사님의 문자는 내게 큰 자극이 되었다. 비록 말단사원에 아무 힘이 없지만 열심히 일하여 꼭 대구에도 집사님 아들이 일할 수 있는 곳을 만들겠다는 꿈을 꾸기 시작했다. 단순히 내 바람이나 욕심이 아닌, 하나님이 주신 감동이라는 확신이 있었다. 하나님이 주신 꿈이니 반드시 이루리라는 믿음으로 나아갔다.

그날을 위해 참 열심히 일했다. 스토어를 알리고자 홈페이지를 만들고, 각종 브로슈어를 만들어 배포하기 시작했다. 언론에 굿윌스토어 취재를 요청하여 보도가 되었다. 시청에서 매달 시민들에게 배포하는 매거진을 통해 굿윌스토어가 홍보되었다. 지역일간지인 '교차로'에 굿윌스토어를 홍보해 달라고 부탁드렸더니 감사하게도 전면에 무료로 두 달 동안 광고를 게재해 주었다. 감사한 마음에 사무실로 찾아가 감사인사를 드렸더니, 무려 1년 동안 무료로 굿윌스토어를 광고해 주었다. 주변 목사님과 지역기독교연합회에 도움을 요청하였고, 많은 교회에서 기증과 물품구매에 동참해 주었다. 하나님이 붙여 주시는 여러 교회와 기관의 도움으로 스토어엔 점차 사람들이 몰리기 시작했다.

그렇게 2년 동안 스토어에서 일하던 차에 하루는 본부에서 전화가 왔다.

> "서진교 프로님, 그간 안양점에서 수고하시고 매주 말씀 전해 주셔서 감사합니다. 이제부터는 재단 본부로 오셔서 사목으로 수고해 주시면 감사하겠습니다."

그 말을 듣는데 울컥했다. 한동안 뭐라 말할 수 없었다. 그저 감사하다고, 부족하지만 잘 감당하겠다고 답했다. 처음 사원으로 입사했을 때, 본부에서는 내가 사역자라고 말씀을 전해 달라고 했다. 재단에서 운영하는 10개의 지점들과 탈북민취업지원센터에서 드리는 예배에 나눌 말씀을 정리하여 보내는 일을 했다. 각 지점들에서 내가 나눈 말씀으로 예배를 드렸다. 그렇게 2년을 수고했더니 재단에서 나를 사목으로 임명하고 본부로 호출한 것이다.

사목이 되어 이사장님과 재단의 리더십들이 함께 모인 자리가 있었다. 그 자리에서 난 조심스레 예전에 받았던 한 문자메시지에 대해 말씀드렸다. 범어교회 집사님의 아들이 일할 수 있도록 대구에 굿월스토어를 세우는 일을 하고 싶다고 했다. 이사장님께서 너무 좋아하시며 그 일을 추진해 보라고 하셨다. 이후로 대구에 있는 교회들에 동역을 구하는 일을 하고 있다.

대구에 있는 교회들이 굿월사역을 알고 정기적으로 기증에 동참해 준다면 굿월스토어가 세워질 수 있다. 집사님께 드린 약속을 지키기 위해 난 지금도 대구에 있는 교회들을 찾아다니고 있다. 부디 대구의 교회들이 기증에 동참해 줌으로 집사님의 아들이, 그리고 집사님과 같은 상황에 처한 어머님들이 활짝 웃을 수 있는 날이 오기를 바란다. 그날이 머지 않아 오리라 믿는다.

| 명륜대첩 |

굿윌스토어 장애인 직원들과 회식을 갔다. 메뉴는 고기뷔페. 일찍이 고기를 잘 구웠던 나는 대학 때부터 유명했다. 사람들은 내 이름 앞에 호를 붙여 부르곤 했다. '그릴' 서진교 선생. 아무리 인원이 많아도 절대 고기의 흐름이 끊기는 법이 없고 불판에 늘 익은 고기가 놓여 있다. 초가삼간을 태우면 태웠지, 고기를 태우는 일은 더더욱 없다.

회식 선발대로 나를 포함해 장애인 직원들 넷이서 갔다. 다들 고기를 씹지도 않고 드링킹한다는 소문을 익히 들은 터라 호기롭게 한 테이블에 자리를 잡았다. 마침내 고기가 나오고 본격적으로 솜씨를 발휘하기 시작했는데 고기를 구우면 구울수록 이상했다. 분명 다 구웠는데 뒤돌아서면 감쪽같이 사라지는 것이다. 불판 가운데에 고기를 올리고 다음 타자들을 불판 외곽에 올려 미리 초벌하며 구웠는데, 다들 젓가락만 빨고 있다. 그랬다. 정말 고기를 드링킹하고 있었던 것이다. 고기를 씹지 않고 마셔 버리니 게눈 감추듯 사라진 것이다.

식은땀이 났다. 부르스타와 팬을 공수해 양쪽에서 구워야 하나 싶었다. 그럴 순 없었다. 자존심이 있지 더 속도를 내서 굽는다. 고기를 더 얇게 자르고, 쉴 새 없이 뒤집는다. 다행히 그들의 속도를 따라잡았다. 다들 만족하는 표정이다. 뒤늦게 온 직원들은 우리 테이블의 먹성에 놀라 다들 입을 다물지 못한다. 관광지에 온 마냥 우리 테이블에 한 번씩 앉아서 구경하고 사진을 찍고 간다.

끝없는 사투 끝에 어디선가 냉면을 주문하는 소리가 들렸다. 그랬다. 집에는 가야겠기에 냉면으로 아쉬운 마음을 달래려 주문한 것이다. 다들 더 먹을 수 있는데 기다리는 다른 직원들을 배려한 것이다. 마지막 고기를 굽고는 동료들에게 나중에 이 멤버만 따로 고기 먹으러 가자고 했다. 이토록 잘 먹는 사람들에게 고기를 구워 주니 너무 신났다. 부디 다음번에는 동료들이 만족할 만큼 고기를 구워 줄 수 있길, 모두 만족스레 부른 배를 만질 날이 오길 기대한다. 단, 사장님이 받아 줄지는 모르겠지만 말이다.

| 복음을 전한 영재 씨 |

예전에 굿윌스토어 안산점에서 일하던 민교씨는 이제 본점에서 일하고 있다. 민교씨의 단짝 정호씨는 대전으로 내려갔다. 민교씨와 정호씨가 붙어 있는 모습이 참 아름다워서 난 두 사람을 "영혼의 단짝"이라고 부르곤 했다. 두 사람도 그 말을 좋아했다. 서로 같이 있는 모습을 볼 때마다 참 좋았는데 더 이상 볼 수 없어 아쉬웠다. 그래서 민교씨에게 정호씨가 서울에 올라오면 꼭 같이 밥 먹자고 했었다.

하루는 사무실에서 일하는데 민교씨가 와서는 정호씨가 서울에 왔다고 했다. 나는 정호씨에게 연락해서 같이 밥 먹자고 했다. 부르는 김에 안양에서 함께 일했던 영재 씨도 불렀다. 기증업무를 담당했던 동료이자, 대형창고에서 함께 땀 흘리던 어제의 전우가 모인 것이다. 그저 같이 모이기만 했는데도 웃음이 그칠 줄 몰랐다. 이런저런 추억들을 나누고, 지금 사는 모습들을 나누니 시간이 참 빨리갔다. 아쉬움에 집까지 바래다 주기로 했다.

집으로 가는 차 안에서 서로 힘든 이야기들을 나눴다. 그러다 문득 복음을 전해야겠다는 강한 감동이 일었다. 그런 이야기를 할 분위기도 아니지만 주께서 주시는 감동이니 조심스레 입을 열었다. 내가 겪었던 공허함, 고등학교 자퇴와 프로게임단에서의 생활, 주님을 만난 감격과 경험들을 나눴다.

"하나님은 정호씨와 민교씨를 사랑하세요. 하나님께서 세상을 창조하실 때, 날마다 그 지으신 것을 보시고 좋았더라고 하셨어요. 그런데 다른 날과는 달리 사람을 지으시고는 심히, 매우 좋았더라고 하셨어요. 사람을 자녀로, 자식으로 지으셨기에 우리를 그토록 사랑하시는 거예요. 예수님께서 이 땅에 오심도, 우리를 대신해 죽으심도 우리를 너무 사랑하시기 때문에 하신 거예요. 그 예수님을 믿기만 하면 돼요. 예수님이 내 죄를 대신하여 죽으심을 믿기만 하면 영원히 하나님과 함께 살 수 있어요."

정호씨와 민교씨가 고개를 끄덕이고 반응을 보이며 들었다. 한 가지 놀랐던 것은 내가 복음을 전할 때 영재 씨가 옆에서 거들어준 것이다. 안양에 있을 적에 나와 2년을 넘게 나눴던 성경말씀들과 복음을 영재 씨가 이야기하는 것이었다. 마음에 전율이 일었다. 자기가 받은 복음을 나누는 영재 씨의 모습에 눈물이 날 것 같았다.

영재 씨를 집에 먼저 내려 주고, 두 사람의 집을 향해 가는 길에 조심스레 영접기도를 권유했다. 두 사람은 동의해 주었다. 자동차전용도로라 나는 눈을 뜬 채로, 두 사람은 눈을 감은 채로 함께 기도했다. 평소엔 한 문장씩 했지만, 이번엔 한 단어씩 했다. 내가 하는 기도를 두 사람이 따라했고, 마침내 입으로 예수님을 나의 구주로 시인했다. 돌아가는 두 사람의 얼굴이 어쩜 그리도 환한지. 내게 감사하다고 하는데, 밥이 아닌 복음이 이유임을 알 수 있었다.

돌아가는 차 안에서 하나님께 감사하고 또 감사했다. 천하보다 귀한 한 영혼을 구원하신 하나님의 능력을 찬양했다. 예수를 믿는다고, 교회를 다닌다고 하지만 복음을 제대로 듣지 못한 사람들이 많다. 장애인은 오죽할까. 장애인이라고 할지라도 아무나 하는 말을 다 듣지 않는다. 비장애인과 마찬가지로 친밀한 관계가 형성된 사람이라야 귀를 기울인다. 사람에게 받은 상처가 더 많기에 마음의 문이 열리는 데 더 많은 시간이 필요하다. 함께 일하고, 식사하고, 교제하면서 마음에 신뢰가 형성되었기에 복음을 전할 수 있었다. 더 많은 장애인에게 복음을 전하기 위해서는 더 많은 장애인이 세상으로 나오는 것이 우선이다. 일이 없어 집에만 있는 장애인들이 일터로 나와 우정을 쌓고 조심스레 복음을 전하는 날들이 지속되도록, 오늘도 내게 주어진 사명에 충실한다.

좋은 의사 구별법

고대구로병원의 은백린 교수님께 진료를 받았다. 그간 우리 지휼이에게 일어났던 일과 상태를 이야기했다. 처음부터 끝까지 묵묵히 듣고만 계셨다. 우리가 이야기를 마치자 교수님은 뇌전증 같다고 하셨다. 24시간 뇌파 검사를 실시하였고, 결국 지휼이는 뇌전증 진단을 받았다. 그간 유명하다는 병원과 의사들을 수없이 찾아다녔는데 지휼이의 원인을 처음으로 밝혀 준 것이다. 수많은 의사가 지휼이의 경기가 단순히 떼를 부리는 것이라 하였는데, 은백린 교수님만 유일하게 정확히 진단해 준 것이다. 뇌전증약을 처방받고 나서 지휼이가 밤에 깨지 않고 잠을 자기 시작했다. 그간 뇌에 일어난 발작으로 긴 잠을 자지 못하고 한두 시간마다 깨던 지휼이가 처음으로 깨지 않고 자기 시작했다.

지휼이를 데리고 수많은 의사들을 만나다 보니 좋은 의사를 구분하는 눈이 생겼다. 좋은 의사는 환자의 이야기에 귀를 기울이는 사람이다. 환자의 말을 중간에 끊고, 급히 자기 할 말만 하고 다 끝났다고 말하던 의사 중 지휼이를 정확히 진단한 이는 하나도 없었다. 수십 명의 의사들, 그것도 권위자라 불리는 의사들을 만나봤지만 우리 이야기를 경청해 주는 이는 다섯 손가락에 꼽는다. 그분들 덕에 지휼이가 치료받고 있다.

그런 모습들을 보면서 좋은 사역자도 다르지 않다는 생각이 들었다. 설교하고 가르치는 걸로 자신의 역할이 끝났다고 생각하거나, 성도의 말이 끝나지도 않았는데 쉽사리 정답을 제시하고 일어난다면 그건 좋은 사역자의 모습이 아닐 것이다. 끝까지 들어주는 것, 그것이 고통스럽고 답답할지라도 끝까지 들어주는 것이 사역자의 본

분이요 본모습일 것이다.

생각이 꼬리를 물어가다 불현듯 하나님께 감사했다. 내 말을 중간에 끊지 않으시고 끝까지 들어주시는 하나님, 날 어리석다거나 답답하다며 자리를 떠나지 않고 늘 그 자리에서 귀 기울이시는 하나님의 은혜가 새롭게 다가왔다. 때론 하나님이 내게 응답하시지 않는다 불평할 때도 있지만, 가만 보면 하나님께서 더 이야기하라고 기다리시는 것 같다. 그 말만 하고 돌아서면 안 된다고, 아직 네 안에서 꺼내지 못한 이야기들이 있다며 묵묵히 기다리고 계신다.

기도 시간을 지키기 어렵다는, 기도 분량을 채우기 어렵다는 불평이 얼마나 배부른 소리인지 새삼스레 다가왔다. 세상 그 누가 내 말에 군소리 없이 귀 기울이겠는가? 나도 감당 못할 내밀한 이야기들을 그 누가 정죄 없이 들어주겠는가? 내 말에 귀 기울여 주시는 하나님을 닮아 내게 허락하신 사람들의 말에 끝까지 마음을 여는 이가 되어야겠다.

| 언어장애 진단받던 날 |

하루는 회사에 있을 때 아내에게 문자가 하나 왔다. 지휼이가 언어

검사를 받았는데 생각보다 결과가 좋지 않았다. 직전 검사 때 대답했던 문항들도 이제 와서 보니 알아서 대답한 게 아니라 평소에 듣고 외운 걸 읊었던 거였다. 의사는 지휼이가 언어장애라고 하였다. 계속 재활치료를 받아야 하겠지만, 정상범주에 이르기는 어려울 것이라 하였다. 결국 아내는 언어장애 진단서를 한 장 받아들고 집에 왔다.

퇴근하는 길에 얼마 전 빵집에서 케이크를 보고 먹고 싶어하던 지휼이 모습이 떠올랐다. 평소 가던 빵집에 들렀다. 조금은 특별한 빵집인데, 발달장애인들이 직접 빵을 만들고 판매하는 곳이다. 유기농 재료로 만든 빵을 좋은 가격에 판매하여 자주 이용했다. 굿윌처럼 밝고 씩씩하게 자립을 이루어 가는 장애인 직원들을 보는 게 참 좋아서 자주 들리던 곳이다. 보고만 있어도 미소가 지어지는 이들로 가득하니 가지 않을 수 없었다.

케이크를 고르는데 사려는 사이즈의 케이크가 두 개 남았다. 만든지 기한이 좀 된 듯하여 점원에게 언제 만든 것인지 물어봤다. 날짜를 확인한 직원은 하나는 오늘, 다른 하나는 이틀 전에 만든 것이라 하였다. 당연히 오늘 만든 걸 가져가려다가 그냥 이틀 전에 만든 것을 달라고 했다. 점원이 당황해하며 케이크를 꺼내 주었다. 그렇게 조금은 오래된 케이크를 들고 집에 갔다. 지휼이 생일날은 아니지만, 생일 축하노래를 좋아하기에 함께 노래를 부르고 맛있게 먹었다.

오늘 만든 케이크를 달라고 하지 않은 이유가 있었다. 다른 케이크가 오늘 팔리지 못하면 폐기될 줄 알기에 그랬다. 빵을 판매한 금액으로 장애인을 고용하는 것을 누구보다 잘 알고 있기에 샀다. 장애인의 자립을 위해 애쓰시는 분들이 곳곳에 계시니 참 든든하고 감사하다. 나도 내 자리에서 장애인의 자립을 위해, 인식 개선을 위해 더 열심히 해야겠다. 지휼이가 자라서 맞이할 세상이 더 좋은 세상이 되도록 더 열심히 하련다.

그날 밤, 침대에 누워 있는데 아내가 담담하게 말했다.

"여보, 나 감사하며 살아 갈거야. 우리에게 주어진 시간이 형벌이라고 해도 감사하며 살아갈 거야. 형벌도 우리를 사랑해서 주시는 거니까 감사하며 살아갈 거야. 내가 어떤 상황에서라도 하나님이 나를 사랑하시는 게 너무 믿어지니까, 그래서 감사한 거야. 힘들어도 행복한 거야. 나를 향하신 하나님의 사랑이 의심이 안 되니 행복한 거야. 그래서 좋아. 걱정이 없어."

그렇게 우리는 주어진 현실 속에서도 감사하는 법을 배웠다. 지금도 날마다 배우며 살아가고 있다. 어떤 상황 속에서도 나를 향한 사랑만큼은 의심되지 않음에 감사하며 행복하게 살아가고 있다.

총체적 난국

아내랑 대화하는데 하품이 나올 것 같다. 들키지 않으려 입을 다문 채로 하품을 한다. 다행히 안 걸린 것 같다. 그런데 갑자기 아내가 놀라 묻는다.

"여보, 무슨 일이야? 왜 울어?"

하품한 건 안 걸렸는데 참느라 촉촉해진 눈가를 보고 운다고 생각한 모양이다. 무슨 일이냐고 계속 묻는 아내에게 뭐라고 대답할지 몰라 당황하고 있는데, 지휼이가 한마디 거든다.

"아빠 어부바, 아빠 어부바 해!"

자기가 울 때 엄마가 업어줬다고, 지금 내가 우니 엄마한테 나를 업으라는 거다. 지휼이는 계속 엄마한테 날 업으라고 보채고, 아내는 왜 우냐며 채근한다. 총체적 난국이다.

| 철사장을 연마하는 아기 |

지휼이가 가는 소아과 선생님은 아이들에게 사탕을 준다. 지휼이가 가면 사탕바구니를 내밀며 원하는 만큼 가져가라고 하신다. 처음에는 머뭇거리며 가져가지 못하던 지휼이가 어느 날부터는 하나씩 잘 가져온다.

아이가 자라면서 가져오는 사탕 개수가 많아지기 시작했다. 두 개는 기본이고 많은 날은 서너 개씩 손에 쥐여 온다. 선생님이 조금씩 당황하기도 하셨지만 인자한 얼굴과 미소를 잃지 않으셨다.

어느 날, 퇴근하여 집에 들어오니 지휼이가 한쪽 구석에 앉아서 무언가를 하고 있었다. 가까이서 보니 사탕바구니에 손을 번갈아 넣으며 퍼 올리기를 반복하고 있었다. 흡사 그 옛날 무림고수들이 철사장을 연마

하는 듯했다. 찌르고, 퍼 올리고, 찌르고, 퍼 올리고는 계속되었다.

며칠 뒤, 지휼이와 소아과를 갔다. 진료를 마치자 선생님께서 늘 그랬듯 인자한 미소로 사탕바구니를 내미셨다. 지휼이는 연습한대로 바구니 깊숙히 두 손을 넣고는 사탕을 한 움큼 쥐여서 퍼올렸다. 바구니에 있는 사탕 대부분이 지휼이 손에 쥐여 있었다. 못해도 족히 열 개는 돼 보였다. 당황한 선생님이 "하나만 가져가야지" 했지만 이미 지휼이는 후다닥 뛰어 진료실을 빠져나갔다. 순식간에 일어난 일에 모두 어쩔 줄 몰랐다. 텅 빈 바구니와 선생님의 텅 빈 마음만 덩그러니 놓여 있었다.

그날 이후 소아과에 사탕바구니는 사라졌다. 선생님이 그냥 한 개씩 나눠 주신다. 인자한 미소는 그대로지만, 무의식적으로 경계하실 때가 있다. 사탕 한 개를 받아오지만 지휼이는 서운해하지 않는다. 이미 모든 것을 다 이룬 양 의기양양하게 받아든다.

| 아빠를 치료하는 지휼이 |

30년 만에 나를 본 한 사모님께서 화들짝 놀라시며 그간 무슨 일이 있었냐고 물으셨다. 분명 초등학교 때는 여자애같이 곱상하게 생겼

었는데 왜 이렇게 변했냐고 하셨다. 얼마나 고생이 많았느냐며 손을 꼭 잡아 주신다. 연민의 눈빛이 가슴을 후벼팠다.

전에 무릎하고 종아리쪽을 다쳐서 살이 조금 깊이 파였는데 잘 아물지 않았다. 내 몸에 상처가 나면 지율이는 "아빠 아프다"며 소독약과 밴드를 가져온다. 걱정해 주는 것 같은데 얼굴은 해맑다. 의사놀이를 좋아해서 건덕지라도 생기면 신나서 이것저것 내 몸에 바른다.

한참을 무릎과 종아리에 바르고 붙이던 지율이가 내 얼굴을 바라봤다. 잠시 골똘히 바라보더니 아빠 얼굴이 아프다며 후시딘을 가지러 출동했다. 분명 얼굴에 아무 상처도 없는데. 아까는 분명 지율이가 해맑았는데 이번엔 사뭇 진지했다. 얼굴 전체에 후시딘을 얇게 펴바르고 광대에 밴드 두 개를 붙여 주었다. 깊이 파인 상처보다 얼굴이 더 아파보였나 보다.

| 내 소원은 아이보다 하루라도 더 사는 거예요 |

지율이가 뇌전증과 언어장애 진단을 받았을 때 한동안 마음이 힘들었다. 지금껏 참 많이 고생하며 살아왔는데 왜 내겐 평범한 날이 주어지지 않을까 싶었다.

'내 원가족도 그렇게 죽을 만큼 힘들었는데 또 그러네….'

그런데 며칠 만에 괜찮아졌다. 아이가 너무 사랑스럽기 때문이다. 아이가 너무 예뻐서 괜찮아졌다. 장애가 있는 아이를 자녀로 둔 부모들은 자신의 자녀를 장애인으로 바라보지 않는다. 장애인인 것을 부정한다는 의미가 아니다. 장애가 있어도 눈에 넣어도 안 아플 자식으로 보인다. 내 모든 걸 주어도 아깝지 않을 사랑하는 자식일 따름이다. 그래서 괜찮다. 부모에게 자식이 장애가 있다는 것은 그렇게 큰 문제가 아닐 수도 있다.

다만 한 가지 걱정되는 것이 있다면, 사회적 편견이다. 아이가 자라서 맞이할 세상이 염려되었다. 전에 오랫동안 발달장애인 사역을 했던 선배 목사님에게 들은 이야기가 있다.

"고등학교 졸업식은 부모님들에게 사형선고일이에요."

장애를 가진 자녀가 고등학교를 졸업하는 날이 부모에겐 사형선고일과 같다고 한다. 고등학교 때까지는 학교에서 돌봐 주고 케어가 되었지만, 이후로는 아무것도 없다. 직장에 가고 싶지만 일자리가 없고, 설령 들어간다고 해도 오래 있지 못한다. 폭언과 무시로 인해 적응하기가 어렵다. 그러니 집에서 지낼 수밖에 없다. 하루 종일 불 꺼진 방에 누워 빛바랜 천장을 바라볼 뿐이다. 그런 자녀를 바라보는 부모는 억장이 무너진다. 부모님들이 입버릇처럼 하는 말이 하나 있다.

"제 소원은 아이보다 하루라도 더 사는 거예요."

내가 죽으면 자식을 돌봐 줄 사람이 없기 때문에 자식 먼저 보내고 따라가는 것이 소원이 되어 버리고 만 것이다. 가장 큰 불효가 부모보다 먼저 죽는 것이라고 하는데, 장애아를 가진 부모는 자녀보다 늦게 죽는 것이 소원이다. 얼마 전에 한 목사님이 들려주신 이야기가 있다. 한 독지가가 자신의 전재산을 기부해 큰 복지관을 짓겠다는 것이었는데, 그 사연이 참으로 안타까웠다.

"목사님, 제 전재산을 들여 복지관을 하나 지어서 목사님께 드리겠습니다. 다만, 한 가지 부탁이 있습니다. 저는 살 날이 얼마 남지 않았으니 부디 장애를 가진 제 딸아이가 죽을 때까지만 복지관에서 맡아 주세요."

자신의 모든 것을 다 주어도 아깝지 않을 자식을 두고 먼저 가는 부모의 마음이 어떨지 생각하면 목이 메인다. 그게 절대 남의 이야기가 아닌 줄 알기에 더욱 그러하다. 그때마다 정신이 번쩍 든다. 다시 마음을 다잡는다.

만약에 자녀가 일을 할 수만 있다면, 날마다 출근하여 일을 하여 자립할 수만 있다면 부모의 한이 풀린다. 마음에 진 응어리가 풀린다. 지금 나는 날마다 그 모습을 보고 있다. 자녀가 출근하여 일을 하며 당당히 사회의 일원으로 사는 모습을 자랑스럽게 지켜보는 부모님들을 늘 보고 있다. 장애인이 자립을 하고 부모의 한이 풀리며, 그 모습을 기쁘게 바라보시는 하나님을 기대하며 오늘도 난 최선을 다 한다. 사명으로 부르셨지만 나를 이해 당사자가 되게 하신 하나님께 감사하다.

| 일만 장애인 파송운동 |

장애인 자립사역을 하며 한 가지 깨달은 것이 있다. 장애인에 대한 편견을 해소하는 가장 좋은 길은 바로 '만남'에 있다는 것이다. 만나면 알고, 이해하고, 사랑한다. 아무리 학교나 교회에서 장애인에 대한 편견을 해소하자고 교육해도 만나지 않으면 소용없다. 다만 만날 수만 있다면, 그것도 자주 만날 수만 있다면 금세 편견이 사라진다.

감사하게도 근래에 장애인이 일하는 곳이 점점 많아지고 있다. 굿윌스토어와 같이 발달장애인이 일을 하여 자립하는 것을 돕고, 장애인에 대한 편견을 해소하는 곳들이 지역마다 늘어나고 있다. 굿윌스토어, 숲스토리, 큰숲베이커리, 히즈빈스 같은 곳들이 영역을 넓히고 있다. 그런 곳들이 지역마다 하나씩 있으면 적어도 그곳에 있는 주민들은 자연스레 편견을 해소할 수 있다. 내게 필요한 물건을 구입하기 위해 매장에 들려서 장애인 직원을 만났을 뿐인데 어느새 장애인을 불편해하지 않는 나를 발견할 수 있다. 전국 곳곳에 교회와 편의점이 있듯이, 방방곡곡에 장애인과 만날 수 있는 만남의 장이 생긴다면 장애인에 대한 편견이 점차 해소될 것이다.

얼마 전 분당우리교회가 일만 성도 파송운동을 했다. 29개 교회가 분립개척을 하였다. 일만 명의 성도를 파송하는 분당우리교회의 헌신이 한국 교회에 선한 바람이 되어 주었다. 그 모습을 보며 나도 모르게 혼잣말로 "일만 장애인 파송운동"이란 말을 중얼거렸다. 한국 교회가 직업이 없어 집에만 있는 장애인들을 세상으로 파송하는 일에 동역한다면 얼마나 좋을까 싶었다. 결코 어려운 일이 아니다. 집에 방치된 물건을 꺼내 주면, 집에 있는 장애인이 집 밖으로 나올 수 있다.

장애인 자립사역을 하며 기증해 주는 분들의 대부분은 교회에 다니는 사람들임을 알았다. 성도들이 기증해 준 물건을 통해 많은 장애인이 자립하고 있다. 한 가지 아쉬운 점은 여전히 많은 교회들이 이 사역을 모른다는 것이다. 자신이 사용하지 않는 물건을 기증하면 장애인이 자립할 수 있다는 것을 모르고 있다.

통계는 내보지 않았지만 우리나라 교회 중에 1-2%만 이 사역을 알지 대부분은 모른다. 만약에 우리나라 교회 중 10%만 사용하지 않는 물건을 꾸준히 기증한다면, 적어도 만 명의 장애인이 일을 하여 자립할 수 있다. 전국에 장애인의 일터가 세워지고, 수많은 장애인들과 그 가족이 자립한다. 비장애인의 편견이 해소되어 모두가 더불어 사는 삶을 살아갈 수 있다.

 다섯 살 난 내 딸이 고등학교를 졸업하려면 15년 정도의 시간이 남았다. 그동안 우리 부부가 할 일은 아이가 주눅들지 않게 마음껏 사랑하는 것이다. 전국의 교회들이 장애인의 자립의 가치를 알고, 물품 기증에 동참하도록 전국을 누비는 일이다. 한 교회, 한 교회 찾아다니며 자립사역을 알리고, 지극히 작은 자를 향한 예수님의 마음을 나누고, 기증자와 기도자들을 모은다면 내 아이가 자라서 맞이할 세상은 더 좋은 세상이 되리라 믿는다. 일터에서 마음껏 웃는 장애인 직원들이 세상에서도 마음껏 웃을 수 있도록, 그리고 훗날 내 아이가 어디서든 마음껏 웃는 세상이 되도록 오늘도 기도하며 주의 인도하심을 구한다.

소아재활의학과 대기실 같은 교회

매주 지휼이가 재활치료를 받으러 재활병원에 가면 여러 장애인들을 만난다. 지체장애가 있어 휠체어를 타거나 보행연습을 하는 아이들이 많다. 종종 자폐나 틱장애를 가진 아이들이 돌발행동을 하기도 한다. 소리를 지르고, 난동을 부리기도 한다. 그런데 그 누구도 인상을 찌푸리거나 놀라지 않는다. 자연스러운 일이기 때문이다. 일상이라 익숙하기 때문이다.

이 사회가 여전히 장애인을 불편해하는 이유는 그들에 대해서 잘 모르기 때문이다. 장애인을 만난 경험도, 만날 기회도 많지 않기 때문이다. 장애인의 자연스러운 행동을 모르니 놀라서 뒷걸음질 친다. 이상한 것으로 받아들이고 더 회피하고 외면한다. 알기만 한다면, 뒷걸음질 치지 않을 수 있다. 익숙해지기만 한다면, 받아들일 수 있다.

재활병원에 오는 보호자들은 서로 안부를 묻는다. 아이가 가진 장애가 무엇인지 묻고, 서로를 이해하려 노력한다. 서로가 가진 장애는 다르지만 잘 이해하고 받아들이며 더불어 살아간다. 그 모습을 보며 교회도 그러면 어떨까 생각해 봤다. 소아재활의학과 대기실처럼 시끌벅적한 예배를 상상해 봤다. 이따금씩 소리 지르는 사람, 갑자기 뛰어다니는 사람이 있어도 아무렇지도 않게 예배드리는 회중을 상상했다. 비록 잘 정돈된 예배는 아닐지라도 연약한 자와 함께 예배하려 노력하는 모습을 하나님이 귀하게 보지 않으실까 싶었다. 시끄러워서 설교가 귀에 잘 들리지 않고, 찬송이 중간에 끊기는 일이 있어도 그 모든 것을 용납해 주시는 하나님을 믿고 예배하는 공동체의 모습이 참 아름답게 그려졌다.

노숙인들이 나오는 개척교회를 섬기며 이미 그런 기쁨과 보람을 맛보았다. 예배에 집중하지 못하고, 알아듣지 못할 말을 웅얼거려도 함께 예배드리기에 힘쓰는 모습이 얼마나 아름다운지 이미 겪어 보았다. 그 과정 속에서 한 영혼이 세워지는 기쁨이 얼마나 달콤하고 영광스러운지도 잘 알고 있다. 그래서 그런 공동체를 꿈꾼다. 당장은 장애인과 비장애인이 더불어 함께 예배드릴 수 있는 공동체를 꿈꾼다. 특별히 우리 지휼이와 같은 경도장애인이나 경계에 있는 사람들과 그 가족들이 나와서 예배드릴 공동체를 개척하려 한다.

그 공동체가 바로 세워질 수만 있다면, 서로를 용납하고 품어 줄 수만 있다면 누구라도 와서 기꺼이 예배할 수 있는 참 아름다운 공동체가 되지 않을까 하는 마음에 감동이 왔다.

소아재활의학과 대기실 같은 교회를 꿈꾼다. 시끌벅적해도 괜찮은 예배가 있는 교회를 꿈꾼다. 비록 시끄러워도 한 사람, 두 사람 회복이 있고, 그 가운데 하나님이 주시는 기쁨을 누리는 교회를 꿈꾼다. 하나님이 내 마음에 소원을 주셨으니, 늘 그러셨듯이 이루실 줄 믿는다. 더불어 사는 교회, 더불어 사는 세상을 위해 나를 부르신 하나님께 감사와 영광을 올려드린다.

| 블루노트_부활체에 난 구멍의 의미 |

우리 죄를 위해 십자가에서 죽으신 예수님은 약속대로 삼일 만에 부활하셨다. 제자들은 예수님의 부활을 보았지만, 예수님을 따르지 않았다. 그 자리에 없었던 도마를 위해 예수님이 다시 한 번 제자들을 찾아오셨다. 손과 발에 난 못자국을 보지 않으면 믿지 않겠노라는 도마에게 손과 발에 난 구멍을 보여 주셨다. 그럼에도 불구하고 제자들은 예수님을 따르지 않았다. 결국 갈릴리에서의 세 번째 만남을 통해 제자들은 예수님을 다시 따른다. 예수님을 배반하여 도

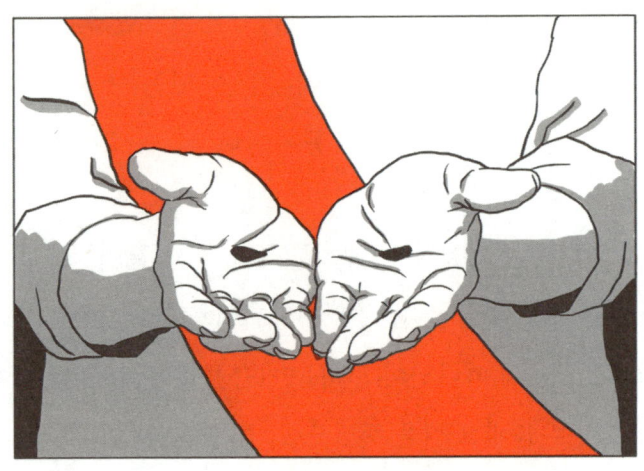

저히 그 길을 갈 엄두도 염치도 없던 제자들을 예수님은 사랑으로 일으켜 세워 주셨다.

예수님의 그 모습을 보며 한 가지 의문이 들었다. 손과 발의 못자국이 아닌 예수님의 사랑이 제자들을 돌이키는 역할을 했는데 굳이 부활체에 못자국을 남기신 이유가 궁금했다. 영원히 지속될지도 모를 부활체에 굳이 왜 상흔을 남기셨는지 이해가 되지 않았다. 그냥 깨끗한 몸으로 부활하셨어도 아무 문제가 없을 텐데 왜 그러셨을까? 물론 우리가 마지막 날 부활하여 부활체로 주님을 뵐 때 그 몸의 못자국을 보고 주님의 사랑에 감사로 반응할 것이다.

그러다 문득 든 생각이 하나 있었다. 우리를 체휼하시는 주님이 장애인을 향한 마음을 보여 주시려 그런 것은 아닐까 싶었다. 이 땅에서 몸에 구멍이 난 사람은 영락없이 장애인으로 불린다. 오래전 소록도에서 보았던 한센인 어르신들처럼 몸의 신체기관이 하나 없어도 장애인인데, 예수님은 손과 발과 옆구리에 구멍이 나 있다. 사람의 손가락이 들어갈 정도로 큰 구멍이다. 예수님이 상흔을 남기신 이유가 어쩌면 이 땅에 남겨진 장애인들을 위해서일지도 모르겠다는 생각에 미쳤다.

이 땅에는 소외된 사람들이 참 많다. 특별히 자기 몸이 다른 사람들과 조금 다르다고 소외된 사람들이 많이 있다. 몸이 조금 불편하다고 사람들로부터 차별을 받고, 무시를 당하는 사람들이 많다. 사람들에게 소외받는 것도 서러운데 상처가 너무 크다 보니 하나님으로부터도 버림받았다고 여긴다. 그게 참 큰 문제다. 주님은 그 문제를 해결하려 하셨나 보다. 죄인인 사람들은 너희를 버릴지 몰라도 나는 너희를 버리지 않는다고 부활체의 구멍을 통해 말씀해 주신 것 같았다. 그들처럼 못 자국을 자기 몸에 새기고 부활하셨다. 그들과 같은 모습으로 땅에 내려가신 예수님은 그들과 같은 모습이 되셔서 승천하신 것은 아닐까.

십자가를 목전에 두신 예수님은 양과 염소의 비유를 통해 지극히 작은 자를 자신과 동일시하셨다. 우리에게 가난하고 헐벗고 굶주린 자들을 맡기셨다. 예전에는 이 말씀이 전적으로 작은 자들을 위한 것이라 여겼다. 작은 자들만을 위한 말씀이라 생각했다. 세월이 흘러 주의 말씀대로 살려고 몸부림치면서 한 가지 깨달은 것이 있다. 지극히 작은 자를 위해 살라는 말씀은 제자들을 위시한 우리를 위한 말씀이었다는 것이다. 부활하시어 승천하실 주님이 보고플 제자들을 위한 예수님의 배려였다. 예수님이 보고플 제자들에게 내가 보고 싶으면 지극히 작은 자들에게 찾아오면 된다는 것을 알려 주셨다. 그들에게 나아갈 때에 그들 가운데 그들의 모습으로 함께 계시는 예수님을 만날 은혜를 주신 것이다.

승천하시는 순간, 그리고 영원까지 주님은 작은 자들을 위한 열심을 그치지 않으신다. 그 열심을 자기 몸에 새기기까지 하셨다. 그 사랑을 아는 우리가 그리고 그 사랑을 받은 우리가 해야 할 일은 간명하다. 낮은 데로 나아가는 것이다. 낮은 데로 나아가 칭송을 받았던 초대 교회의 믿음의 선배들처럼, 우리도 더 낮은 데를 향하여 나아갈 때에 칭송까진 아니더라도 칭찬을 받을 날이 오리라 믿는다. 교회가 다시금 이 땅의 소망이 되는 날이 오리라 확신한다.

Epilogue

혼자 울면 절망하지만,
함께 울면 소망합니다

얼마 전 추석에 집에 다녀왔다. 허리수술을 한 어머니는 여전히 누워 계셨다. 얼마 전부터 천천히 걸어보려고 아버지의 부축을 받아 발을 내딛으시다 또 넘어지셨다. 다시 몇 달이나 누워계실지, 다시 걸을 수 있을지 기약이 없다. 그런데 어머니 얼굴이 해맑았다. 내 손을 잡으며 잘 왔다고 반겨 주셨다.

아버지는 더 이상 술을 드시지 않는다. 몇 년 전에 간 상태가 나빠지고 알코올중독 클리닉에 다니면서 결국 술을 끊으셨다. 아버지는 어머니 곁을 지키고 계신다. 늘 밖으로만 다니시던 아버지는 이제는 집에서 어머니 병수발을 하고 계신다. 아버지가 곁에 있어서 그런가 어머니도 표정이 밝다.

아버지를 보면 더 이상 미운 마음이 없다. 어머니를 돌봐 준 고마움 때문인지 술을 끊어서인지 모르겠지만 불뚝불뚝 솟아오르는 화가 사라졌다. 그냥 보면 아무렇지도 않게 인사하고, 일상적인 대화를 나눈다. 아, 물론 얼마 전부터 갑자기 신학을 하신다고 하셔서 스트레스를 받기도 했지만 다른 일도 아니고 신학이라 차라리 다행이다 싶었다.

예전에 사역하던 교회의 사람들을 만났다. 나한테 상처를 줬던 사람들을 마주쳤다. 물론 본인들은 내게 상처를 줬는지도 모를 거다. 내가 말하지도, 티를 내지도 않았으니 말이다. 신기한 것은 내가 그들을 아무렇지도 않게 대한다는 것이다. 마음의 상처나 부담 없이 밝게 웃으며 인사하고, 서로 안부를 묻는다. 스스럼없이 대하는 내가 됨에 참 감사했다. 내 안에 남았던 상처가 어느새 씻겨져 나갔나 보다.

영원할 것 같았던 고난도, 슬픔도, 미움도 다 지나갔다. 죽을 것 같았던 순간도 지나가고, 그렇게 미웠던 사람도 더 이상 밉지 않다. 세월이 약일까? 그런 것 같지는 않다. 오랜 세월이 지나도 평생 상처와 아픔으로 신음하는 사람들이 너무 많다. 세월이 약이기보다는 세월과 같이 흘러간 하나님의 섭리가 약인 것 같다. 내가 할 수 없다고 여기던 때에, 나도 모르는 순간에 고난이 지나갔다. 용서하려고 억지로 몸부림치던 일을 그치고, 주의 길을 따라 걷다 보니 어느새 미움도 상처도 사라졌다.

힘든 시절을 지나와서일까. 깊고 음침한 광야 동굴을 지나와서일까. 뒤를 돌아보니 나와 같은 사람들이 참 많이 보였다. 힘들 때는 나만 세상에서 가장 불쌍한 사람인 줄 알았는데 나같은 사람이, 아니 나보다 더한 사람이 지천에 널렸다. 이제 겨우 광야동굴을 나온 것 같은데, 다시는 돌아가기 싫은 곳인데, 빨리 찬란한 빛이 비취는 곳으로 달려가고 싶은데, 이상하게 발이 떨어지지 않는다. 가만히 멈춰서 심호흡을 크게 한 번 하고는 뒤돌아본다. 그리고 내가 빠졌던 동굴에서 허우적거리는 사람들에게 나아간다.

천국은 어떤 곳일까? 눈물도, 상처도, 미움도 없는 곳이라 했다. 평생 이 땅에서 받은 상처를 안고 천국에 가는 그날, 주께서 내 눈물을 닦아 주실 것이다. 눈물 흘려도 되는 주님 앞에서 펑펑 우는 내 눈물을 닦아 주실 것이다. 눈물과 함께 세상의 모든 짐을 다 던져 버리고, 내가 사모하는 주님과 영원히 천국에서 지낼 것이다. 주님이 내 눈물 닦아 주실 그날이 올테니 이 땅에서 남은 날 동안 작은 자의 눈물을 닦아 주는 인생으로 살고 싶다. 나를 닦아 줄 이가 기다리고 계시니 다른 사람 눈물 닦아 주려 동분서주하고 싶다. 그렇게 한평생 살다 주님 곁으로 가는 날, 주께서 칭찬해 주실 걸 안다. 때가 되면 가장 높은 천국에 들려올라갈 테니, 남은 인생 예수님처럼 낮고 더 낮은 데로만 가길 소원한다. 그곳에서 우리 예수님을 만나고 싶다. 가장 복된 길, 행복한 길에 들어서게 하신 주께서 끝까지 인도하시리라 믿는다.